높은 뜻
낮은 사람

높은 뜻 낮은사람

초판인쇄 2019년 12월 5일
초판발행 2019년 12월 15일

지 은 이 공성경
디 자 인 김민성
펴 낸 이 백승대
펴 낸 곳 매직하우스

출판등록 2007년 9월 27일 제313-2007-000193
주   소 서울시 마포구 모래내로7길38 서원빌딩 605호
전   화 02) 323-8921
팩   스 02) 323-8920
이 메 일 magicsina@naver.com
I S B N 978-89-93342-90-1
책값은 표지 뒤쪽에 있습니다.
파본은 본사와 구입하신 서점에서 교환해드립니다.

높은 뜻
낮은 사람

〈프롤로그〉

지천명을 바라보는 나이에도 생애 처음 경험해보는 것이 있다. 더욱이 책을 낸다는 것은 자신의 생각은 물론이고 삶의 자취를 담아낸다는 점에서 어지간한 결단이 아니고선 쉬운 일이 아니다. P턴, 출판사로부터 책 출판 제안을 받고 맨 먼저 머릿속에서 떠오른 책 제목이다. 알파벳 P와 방향전환을 의미하는 턴(turn)의 결합인데 가끔 도로 표지판에서도 볼 수 있다. P로 시작하는 단어 중에 지난 내 삶과 앞으로의 목표까지 담아낼 수 있는 말들이 전광석화처럼 스쳐갔다. 내가 살아가고자 결심한 지향과 방향이 한꺼번에 집약된 표현이 P턴이었던 것이다. 프랑스의 시인이자 사상가, 폴 발레리는 "생각하는 대로 살지 않으면 머지않아 사는 대로 생각하게 된다."라고 했다. 지금까지 내 삶은 비교적 생각하는 대로 살아오려고 몸부림 쳐온 날들의 연속이었다. 내가 생각하고 추구하는 중심 가치는 사람(People), 열정(Passion), 한반도(Peninsula), 평화(Peace), 개척(Pioneer)이다. 내 삶에서 그러한 가치를 담는 그릇이자 실현 도구로써 정치

(Politics)도 빼놓을 수 없다. 공교롭게도 이 책은 내가 한동안 서울에서 살다가 고향, 평택(Pyeongtaek)으로 돌아와 살면서 출판하게 됐으니 책 제목으로 P턴은 필연처럼 느껴지기도 했다. P턴으로 생각이 기울었지만 그것만으로 표현할 수 없는 보다 근본적인 가치가 가슴에서 요동치기 시작했다. 그것이 바로 '높은뜻'이었다. 종교적인 의미에서의 높은뜻은 하나님의 뜻, 하나님의 의지(Will)를 표현한다. 나는 거기에 세속적 의미를 추가적으로 부여해봤다. 마치 Earth가 지구를 표현하면서도 땅이란 의미가 있듯 말이다. 예부터 민심이 곧 천심이라고 했다. 민심을 기계적으로 대변하고 반영하는 것이 천심이 아니라 충돌하는 개별 이익의 조화와 통합을 통해서 국민의 총화를 이뤄내는 궁극의 지점을 나는 높은뜻으로 재해석 하게 되었다. 높은뜻은 파편화된 개인의 이해관계를 초월하는 공공선(公共善)에 기반을 둔 가치인 것이다. 나의 P들은 이렇게 해서 함축적인 의미의 높은뜻으로 수렴되었다. 나는 높은뜻에 깃들어 있는 P의 가치들을 실현하기 위해서 낮은 곳으로 더 낮은 곳으로 향하는 삶을 선택했다. 1997년 IMF 외환위기를 겪으면서 바늘구멍 같았던 취업기회를 잡았을 때(외국계 은행 취직)도 더 높이 올라가는 선택이 아니라, 시민운동(참여연대)가의 삶으로 전환하면서 낮은 곳으로 향했다. 시민운동을 하면서 팀장 승진이라는 기회를 앞두고 나는 다시 더 낮은 곳으로 향했다. 미래가 보장되지 않은 신생정당

(창조한국당)에 오로지 '사람중심 창조경제'라는 슬로건을 바라보고 평당원에서부터 다시 시작했다. 결과적으로 원내 정당 역사상 최연소 당대표(만39세)라는 기록도 갖게 됐지만, 소년등과(少年登科)는 인생 3대 불행 중 하나라는 옛 격언처럼 2012년 창조한국당의 소멸로 그 명예마저 빛을 발하게 되었다. 이후 나는 신생 벤처기업 즉 스타트업을 2013년 공동 창업하고 2017년 말까지 벤처기업인의 삶을 살았다. 우리나라 스타트업 기업의 3년 생존율은 2%를 넘지 못한다. 나의 도전은 높은 곳이 아니라 낮은 곳을 향한 하방 지향의 지속이었다. 그 후 2017년 대선 당시 여야 정당 통틀어서 최초로 스타트업육성위원회를 민주당 문재인 후보 캠프에서 조직했을 때, 또한 2018년 지방선거 당시 민주당 박원순 후보 캠프에서 스타트업발굴육성위원회를 만들었을 때도 무급 자원봉사활동을 하며 선거 이후 미련 없이 생업으로 돌아왔다. 그 후 나는 더불어민주당에 평당원으로 입당하여 내 고향 평택에서 다시 한 번 도전하는 삶을 살고자 결심했다. 세상에는 적어도 두 부류의 사람이 존재한다. 하나는 뜻은 낮은데 지위는 높은 사람이 있는 반면, 뜻은 높지만 낮은 곳에서 묵묵히 섬기고 헌신하며 살아가는 사람들이 존재한다. 나는 어디에 속하는 사람인가. 라는 물음을 끊임없이 내 자신에게 던지며 살아왔고 앞으로도 그렇게 묻고 지향하며 살고자 한다. 내가 세상에 내놓는 생애 첫 책의 제목이 '높은뜻 낮은사람'일 수밖에

없는 이유이기도 하다. 지면을 빌어서 내가 쓴 글들이 책으로 엮어질 수 있도록 도움을 주신 분들에게 감사를 표하고 싶다. 언제가 한 번은 책을 내고 싶다는 막연한 생각을 하고 있었지만, 그 시점을 훨씬 앞당겨준 매직하우스 출판사 백승대 대표의 출판 제안에 감사드린다. 나를 좋아하고 나를 위하여 밤낮 기도하며 격려해주시는 처가 부모님(박영치 안수집사님과 유정인 권사님)께 머리 숙여 감사드린다. 내 아내는 내가 출판을 결심했다는 말에 자기 일처럼 기뻐하며 책 제목을 정하는데 결정적인 제안과 기여를 해준 장본인이다. 나의 인생 선택의 기로마다 나와 함께 기도하고 허심탄회하게 상의하며 내 결정을 도와주고 존중해준 나의 애인이자 친구이며 동지인 아내 박민유 님에게 감사하고 사랑한다는 말을 바위 같은 지면에 아로새긴다. 나의 품은 뜻을 높은뜻으로 격상시키고 내 삶의 지표로 삼을 수 있도록 영감을 주신 높은뜻 숭의교회 김동호 목사님과 높은뜻 광성교회 이장호 목사님께 감사드린다. 높은뜻 낮은사람으로 살아가는 나의 평생의 길에 동행하시는 하나님께 감사와 영광을 돌린다.

2019년 12월 1일

〈제목 차례〉

Chapter 1 **People**

아내의 39+1 생일 ⋯ 19

아버지와 온천 ⋯ 22

더불어 숲이 된 신영복 선생님 ⋯ 25

십자가 수난 ⋯ 28

눈 파란 독립운동가를 추억하며 ⋯ 31

긍소감 ⋯ 34

어린이와 노약자를 보호하는 교통 시스템 ⋯ 37

쎄실리아 돌아와줘요 ⋯ 40

사랑을 붙이다 ⋯ 43

슬기로운 가사생활 ⋯ 46

겨울철 찬바람을 막는 비결 ⋯ 48

무형문화재 김장 ⋯ 52

특별한 대공원 관람 ⋯ 54

5년만의 빨간 목도리 ⋯ 57

발 뻗고 편히 잔 쪽이 가해자 ⋯ 59

소소한 명절 가풍 ⋯ 62

광화문 403 퍼포먼스 ⋯ 64

나의 스승님 ⋯ 67

가슴 벅찬 백두산 기행 ⋯ 70

지금까지 이런 소통은 없었다 ⋯ 73

봄 푸릇하다 ⋯ 75

헌 돈 드릴께요 ⋯ 76

나의 플라스틱 프리 챌린지 ⋯ 78

밀레니얼 세대와 함께 ⋯ 81

풍산아 산책가자 ⋯ 83

나는 당원이다 ⋯ 85

DIY 무소음 드럼 ⋯ 87

생일을 알차게 보내는 7가지 방법 ⋯ 89

친구와 성경 ⋯ 91

국가대표 수비수와 소방공무원 ⋯ 94

세월호 참사 1주년 진단 ⋯ 96

새로운 이산가족 북한 이탈주민 ⋯ 104

Chapter 2 **Peace**

개성남북정상회담을 제안한다 ⋯ 109

북한 인권을 말하다 ⋯ 113

여성 평화운동가들과 함께 걷기 ⋯ 116

장고 끝에 악수, 개성공단 폐쇄 ⋯ 118

개헌과 남남 기본합의 ⋯ 120

평화 핫라인 ⋯ 125

평화를 위한 불매운동 ⋯ 127

평화나비 김복동 할머니 ⋯ 130

DMZ 평화인간띠잇기 ⋯ 133

Chapter 3 **Passion**

빚진 세대 ⋯ 139

새로운 문화 세대 ⋯ 142

라이언킹 생존법의 세대 ⋯ 146

민주화 5.0 세대 ⋯ 150

통일 한민족 세대 ⋯ 156

새로운 어른, 79(친구)세대 ⋯ 161

빛 갚는 세대 ··· 164

다시 하나가 되는 대한민국 ··· 167

어둠을 걷어 낸 평화 촛불 ··· 169

스타트업 강국 대한민국 ··· 172

시민운동가의 초심으로 ··· 177

촛불이다, 광장이다 ··· 180

'국가에 대한 예의'라 굽쇼? ··· 183

교회세습 안 돼요 ··· 186

1만 시간의 법칙과 평창 동계올림픽 ··· 189

꽃다발과 국민청원 ··· 191

MB와 나 ··· 194

의혈(義血) ··· 198

열사 강경대 ··· 202

폭염의 끝에 다시 거리에 서다 ··· 204

4.16생명안전공원 소풍 ··· 207

단 하루만이라도 주먹밥 ··· 210

부드러운 설득의 힘 ··· 212

한·중 e스포츠 협력의 새로운 전환점 ··· 214

함께 할게요, 세월호 유가족 ··· 217

박상표 수의사를 기리며 ··· 220

Chapter 4 Politics

퇴행하는 역사교육 국정교과서 … 227

나는 아인슈타인파 … 234

버려진 가훈 … 237

거산(巨山)은 있지만 거목(巨木)은 없다 … 240

용산 철거민 참사 7년이 지났지만 … 242

국회 필리버스터 … 245

사업가가 바라본 6.15 공동선언 … 247

소파(SOFA) 이대로 좋은가? … 250

대한민국 헌법 정신 부인하는 건국절 … 253

공권력에 의한 타살, 백남기 농민 … 255

비통한 세월호 1,000일 … 257

사드 알박기 … 260

국민의 슬픔을 공감하고 치유하는 대통령 … 262

한일 위안부 합의 폐기해야 … 264

이재명을 탄원한다 … 267

좋은 정부, 나쁜 정부 … 270

바람에 스친 잎새 … 273

벤처 병아리 스타트업 달걀 … 274

두 종류의 사다리 … 278

우리들의 어머니 이소선 여사 ⋯ 281

요원한 장애인 이동권 ⋯ 284

송곳 대장 ⋯ 286

동행의 아이콘 이희호 여사 ⋯ 287

평화와 통합의 리더십을 찾아서 ⋯ 289

국민숙원 검찰개혁 ⋯ 292

Chapter 5 Pionner

일본의 경제침략, 우리는 무엇을 해야 하는가? ⋯ 297

킨텍스에 우뚝 서다 ⋯ 309

광성명가 ⋯ 311

더불어 사는 바보 소비 ⋯ 313

생애 첫 카네이션 ⋯ 316

고향은 올라오는 곳 ⋯ 319

보이지 않는 동그라미 ⋯ 321

목구멍으로 밥이 넘어 가나? ⋯ 323

민유 씨의 맘마미아 ⋯ 325

글갱이마을 마지막 작은 음악회 ⋯ 328

참여연대 비판을 비판한다 ⋯ 331

유권무죄 무권유죄 … 341
박종태 대리를 아십니까 … 346
해군과 해적 사이 … 351

People

Peace

Passion

politics

Pioneer

Chapter 1
People

아내의 39+1 생일

오늘은 좋아하는 아내의 40, 마흔 번째 생일이다. 내 아내는 사랑한다는 말 못지않게 좋아한다는 표현을 듣길 좋아한다. 늘 연애하던 시절처럼 살자면서.

3년 전 내가 마흔 살이 되었을 때 청년 같은 남편이 아저씨의 나이가 되었다며 아내가 울었던 기억이 난다. 고맙고 그냥 미안했다. 나이 들어감에.

그랬던 아내가 드디어 마흔 살이 되는 오늘 생일카드에 '40'이라는 숫자를 쓰기 싫어서 "39+1살의 생일을 축하해요"라고 쓴 카드를 건네줬다.

앞으로도 39+2, 39+11, 39+61···. 처럼 써줄 생각이다. 그리고 아내에게 아침 생일상을 차려줬다.

결혼 이후 매년 해오던 것처럼 아내는 몇 해 전부터 자신의

생일이 되면 적은 액수라도 도움을 주고 싶은 단체를 찾아서 기부를 해왔다.

올해는 내가 한 곳을 추천했다. 어딘지는 비밀이다. ^^ 열 손가락 깨물어서 안 아픈 손가락 없으니까.

아내는 매년 아침에 일어나자마자 친정 부모님께 전화를 드려서 감사인사를 드리곤 한다. 그러면 친정 아버님께서 전화로 축복기도를 해주신다. 물론 내 생일에도 그렇게 해주신다.

소박한 생일상을 차린 후에 하나님께 감사 기도를 드리고 아내에게 40이라는 나이에 대해서 내 나름의 해석을 해줬다. 마흔 살을 불혹(不惑)이라고 하지만 나는 '부록(附錄)'으로 받아들인다.

서점에서 책이나 잡지를 한권 사면 '덤'으로 주는 그 '부록'. 마흔 살 이후의 삶은 덤으로 주어진 삶이라고 인식해서 자신과 가족만을 생각하지 말고 잉여의 삶을 이웃과 나누며 살라는 뜻으로 내가 마흔 살이 됐을 때 가졌던 생각을 들려줬다.

오늘은 아내만을 위해서 하루를 보내려고 한다.

2013년 1월 4일

아버지와 온천

아버지 없이 살아가는 매순간의 첫 날. 이것이 진정 '끝'이라고 생각하지 못했던 그 때가 훗날 돌아볼 때 '마지막'이었음을 알게 해주는 한 장의 사진을 나 역시 가지고 있다.

그 한 장의 사진으로 아버지와의 추억을 되새겨 본다.

빗질도 필요하지 않을 만큼 듬성듬성한 아버지의 백발을 드라이기로 말리며 손으로 넘겨드리곤 했다. 나의 아버지께서 노년에 그나마도 한 가지 즐긴 취미가 있었는데 그것은 목욕료 7천원의 온천욕이었다.

아버지는 몹시도 고단했던 청장년 시절의 삶의 궤적 때문이었는지 인생의 황혼기에 접어들자 휠체어에 의지하는 일상의 삶을 사시게 됐다. 그런 상황에서 아버지의 온천욕은 사실상 불가능해진 듯 보였다.

그때 생각하고 결심했던 것이 휠체어 목욕이었다. 비교적 넓은 보행 공간을 갖춘 온천장의 실내 환경을 활용하기로 했던 것이다. 휠체어에 아버지를 모시고 온천장을 조심스럽게 밀고 다니며 목욕을 시켜드렸다.

태산 같던 아버지의 몸은 어느새 마르고 앙상한 겨울 나뭇가지처럼 변해있었다. 그런 아버지를 두 팔로 번쩍 들어서 실내 온탕과 실외 노천탕을 번갈아 오가며 탕 속에 넣어드렸다. 욕탕 안의 작은 물거품과 물결에도 몸의 중심을 잘 잡지 못하셨기 때문에 탕 속에서 함께 아버지가 머물고 싶은 시간만큼 옆에서 붙들어 드렸다.

아이스크림을 좋아하는 사람들은 겨울에도 즐기듯이 아버지는 여름에도 온천욕을 즐겨하셨다. 평소에는 그런대로 모시고 다닐 만 했지만, 한 여름철 온천욕은 젊디젊은 나에겐 정말 고역이었다. 여름철 아버지와 온천을 다녀오면 몸무게가 쭉 빠져 있곤 했으니까. 그래도 아버지가 좋아하셔서 여름이라고 거르지 않았다.

그 넓은 온천장에서 알몸으로 휠체어를 밀고 다니는 나를 바라보는 시선들이 때론 부담스럽기도 했다. 나도 항상 컨디션이 좋을 수 없어서 휠체어에 축 처진 아버지의 몸이 내 손에서 미끄러지려고 하면 어디선가 달려와 아버지를 나와 함께 안아서 욕탕에 넣어주던 이름 모를 고마운 분들도 여럿 계셨다.

그렇게 봄, 여름, 가을, 겨울 사시사철을 가리지 않고 3주에 한번씩, 10년 동안 아버지와 온천을 다녔다. 그리고 올 해 11년째 여름을 다시 맞이하고 있지만 이제 더 이상 아버지는 내 곁에 안 계신다.

구슬땀을 비 오듯 흘리더라도 좋으니 제발, 단 한 번만이라도 다시 아버지와 목욕하고 싶다. 아버지가 내 곁을 떠나시기 전까진 나의 간절한 소원이 여름철 온천욕이 될 줄은 정말 몰랐다.

아버지

아버지

아버지

죄송합니다.

사랑합니다.

2015년 6월 7일

더불어 숲이 된 신영복 선생님

주간 사흘 중 하루 만이라도 햇살 가득한 날 되길 바라며 성공회 대학교 대학성당을 향했다. 신영복 선생님 추도예배를 드리기 위해서였다.

고인의 영정 앞에서 종교의 다름은 추도를 위한 몰입에 전혀 방해가 되지 않았다. 그만큼 생전에 선생께서 바다처럼 다 받아 안으셨다고 생각하니까.

추도식을 마치고 발길을 쉽게 돌리지 못하고 있을 때, 현장의 장례 관계자 한 분이 선생께서 생전에 남기신 저작 등을 모아놓은 추모 전시회장으로 안내해 주셨다.

성당 입구에 비치 된 방명록에 이름 석 자 덩그러니 써놓고 떠나기가 아쉬웠는데, 마침 그 곳에 선생을 추모하는 마음 한 자락 남겨놓을 수 있도록 엽서를 준비해뒀더랬다. 벽면이 엽

서로 채워진 숲 같았다.

　시대의 스승에게 고별 엽서 한 통을 써봤다.

　선생님은 학교 밖에서

　나의 교실이자

　운동장이며

　방학이었습니다.

　선생님은 어떤 한 줌, 한 모금, 한 순간도

　소홀히 여기지 않았습니다.

　작은 것에서 희망을 놓지 않았습니다.

　선생님은 내 삶의 환기였습니다.

　때때로 열어두라 하셨습니다.

넘나들며 새로워지라 하셨습니다.

더불어 숲이 되라 하셨고
이제 그렇게 숲이 되어 가셨습니다.
남은 우리도 어울러 또 다른 숲이 되겠습니다.

2016년 1월 17일
공성경 올림

2016년 1월 17일

십자가 수난

　한동안 차 안에 십자가를 걸고 다닌 적이 있었다. 타인의 부주의나 실수로부터 나의 안전을 지켜주길 바라는 부적 같은 효과를 기대하는 동시에 양보와 인내심을 발휘하기 위한 극기의 상징처럼.

　그러던 어느 날, 갑자기 내 앞에 끼어든 차량을 향해 '저~XXX'라는 욕설이 튀어나오며 열을 내고 말았다. 옆에 타고 있던 아내가 무안해하는 표정을 지어보였고, 그제야 제정신이 돌아오며 시선은 십자가를 향했다.

　나는 십자가를 제대로 바라보며 살아왔나?

　나의 변화보다는 영험한 효과에 치중하지 않았던가?

　이랬든 저랬든 나 중심의 십자가였던 셈이다.

　그 후로 십자가를 차에서 떼어내고 말았다. 나는 죽고 예수

로 다시 사는 것이 십자가의 참 뜻인데, 오히려 타인을 향한 정죄의 수단으로 전락시키고, 내 자신에겐 면죄부로 작용하고 있지 않았던가. 그 후로 보이지 않는 십자가를 바라보기로 했다.

세 달 넘게 주말마다 광화문 광장은 박근혜 대통령 탄핵을 외치는 시민들로 가득하다. 그 중엔 이런저런 종교인들도 적지 않을 것이다. 종교인들도 얼마든지 자신의 목소리를 낼 수 있지만, 그 기준은 민주주의와 헌법적 가치가 되어야 한다.

최근 기독교인들 가운데 대통령 탄핵을 찬성하는 이도 있고, 반대하는 목소리도 있다. 하지만 십자가를 독점하거나 정치적으로 이용하는 시도엔 반대한다. 나만 옳다는 독선의 상징으로 변질되기 때문이다.

십자가의 외면은 더하기 형상을 하고 있지만, 그 내면은 한없이 내려놓는 빼기의 의미이다. 십자가는 자기부정을 전제로 하기에 자아를 드러내기 위한 일체의 시도는 위선을 더하는 것에 불과하다.

십자가는 절대 반칙과 특권에 눈 감지 않는다.

십자가는 절대 부정부패에 친화적일 수 없다.

십자가는 절대 권위주의적 독재의 편이 아니다.

십자가는 사랑 못지않게 공의를 추구하고 지향한다.

더 이상 부끄러운 십자가가 되게 해서는 안 되겠다.

2017년 1월 15일

눈 파란 독립운동가를 추억하며

가끔씩 뜻하지 않은 신기한 경험을 할 때도 있다. 설 연휴 마지막 날인 어제(30) 마포에 위치하고 있는 '양화진외국인선교사묘원'에 갔을 때 생긴 일이다. 일반적으로 절두산 성지로 알려져 있는 곳이다.

외국인 선교사라고 하면 한반도에 기독교를 전파했던 종교인으로만 생각하는데, 그중엔 헐버트(HULBERT) 박사처럼 우리의 독립운동가들과 마찬가지로 국권회복을 위하여 혼신의 노력을 다했던 분들도 계시다.

존경하는 교회 멘토이자 선배님과 함께 그곳 묘역을 찾아갔을 땐 우리 두 사람 이외엔 아무도 없었다. 묘역 이곳저곳을 둘러보며 참배를 하고 있는데 마침 우리가 다니는 학교의 설립자 묘역을 지날 때였다.

　전문가용으로 보이는 카메라를 둘러맨 신사 한분이 나타나서 하얗게 눈으로 덮인 묘역 사진을 찍으면서 우리 쪽으로 다가오는 것이다. 그러더니 묘역을 참배하는 자연스러운 모습을 담고 싶다고 한다.

　외국에서 방문한 교포쯤으로 생각하고 별 뜻이야 있겠느냐는 생각에 흔쾌히 응하게 됐다. 평소처럼 기도하며 참배를 했다. 연신 셔터 소리가 났다. 이메일을 알려주면 사진을 보내주겠다고 했다.

　그런데 다음 날인 오늘(31일). 인터넷 주소 링크와 함께 사진을 받게 됐다. 링크를 따라가 접속해보니 어느 신문사 페이지이었다. 어제 그곳 묘역을 참배하던 사진이 올라와 있었다.

　깜놀!

언론을 타는 게 처음은 아니어서 놀랍지는 않았지만 그래도 재미있고 신기했다. 만약 어제 그곳에 아무도 없었다면 눈 덮인 묘역 사진만 덩그러니 올라왔을 생각을 하니까 말이다.

대개 그런 경우를 '우연'이라고 부르지만, 기독교에선 '예비하심'이라고도 표현 한다.

전문용어로 여호와 이레~^^

2017년 1월 31일

긍소감

긍정하고
소통하며
감사하라

15년 전 결혼하고 분가하면서 우리 가정에도 새로운 가훈을 아내와 상의해서 만들게 됐다. 가끔은 '긍소감'이라고 줄여서 부르기도 한다. 직업을 몇 차례 바꿨어도 그 정신은 밑에 깔려 있다.

그래서였을까?

그동안 포기하지 않고 도전해 왔더니 드디어 오늘! 우리 회사가 세계로 진출하는 길이 열렸다. 국내에서 미운 오리새끼처럼 천대받기도 했지만….

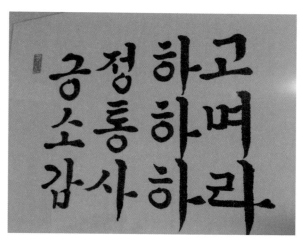

제조업 하지 마라.

잘 나가는 IT, BT도 있고 심지어 사물인터넷 사업도 있는데 하필이면 제조업을 하려고 하느냐는 얘기를 심심찮게 들으면서 뛰어든 사업이었다.

투자를 받겠다며 찾아다닌 엔젤과 벤처캐피탈도 적지 않았다. 제조 스타트업이라는 얘기를 꺼내놓으면 거의 십중팔구는 시선도 잘 마주치려 하지 않았다. 황금알을 낳는 IT나 BT 업종과는 거리가 머니까.

모태펀드(정부의 출연기금)를 운용하는 벤처캐피탈도 제조업에 투자하고 싶지만 그런 모태펀드 자체가 희소하다보니 투자할 수 있는 환경 자체가 안된다. 그러니 제조 스타트업은 기피대상일 수밖에 없다.

산업의 근간이 제조업이라는 말은 낡은 교과서에나 있을 법한 얘기였다. 강소기업 독일 같은 얘기는 '개나 줘버려'가 되는 우리 현실이 참 암담했다. 한편으로 오기도 생기면서 이를 악다물게 되었다.

국내에서 투자 받기가 힘들게 되자 해외로 눈을 돌리게 된 게 주효했다. 눈앞의 손익분기점보다 기업의 기술적 가치와 성장잠재력을 높이 평가하는 외국의 기업가치 평가기준이 우리를 알아본 것이다.

정작 창조경제는 국내가 아닌 해외에서 작동했다.

우리는 앞으로 더욱 큰일을 낼 것이다.

모두들 응원해 주어서 감사한다!

2016년 12월 19일

어린이와 노약자를 보호하는 교통 시스템

 버스를 탈 때면 가끔씩 공범이 된 것 같은 기분이 들 때가 있다. 배차 간격과 제한 된 운행시간에 쫓겨서 과속이나 신호위반을 하는 버스에 탔을 때 나도 함께 불법과 편법을 저지른 것처럼 말이다.

특히 어린이나 청소년들이 버스 안에 함께 탔을 때 그들의 무의식속에 법이란 상황 봐가며 지켜도 되는 것쯤으로 반복적인 학습이 되지 않을까 우려된다. 방관자적 어른들에 대한 실망감의 축적도 포함되면서.

어제 아침 동네 버스정류장엔 출근길 시민들뿐 아니라 아이들의 손을 붙잡고 기다리는 가족들도 보였다. 버스정류장에

다가오던 버스가 전방의 빨간 신호등에 막히자 정류장 10여 미터 앞에서 차문을 열었다.

갑자기 줄이 흐트러지면서 사람들이 버스를 향했고 그 틈에 낀 아이들과 젊은 엄마도 황급히 움직였지만 어느새 뒤로 쳐지고 말았다. 출근길에 다반사처럼 일어나는 일이지만 어젠 그냥 지나칠 수 없었다.

그렇게 차에 다 오른 후에 버스 기사에게 항의를 했다. 정해진 버스정류장에 정차하지 않고 승하차를 하면 되겠느냐고 말이다. 그랬더니 연세 지긋해 보이는 기사님이 도리어 역정을 내며 바쁜 출퇴근 시간대에 뭘 그런 걸 가지고 따지느냐고 무안을 주었다.

그 많은 승객 중에서 혼자 꽉 막힌 사람이 돼버리고 말았다. 평소 한 예의범절 하는 나였지만 머리 뚜껑이 열리는 순간이었다. 그렇지만 도를 넘을 수도 없고 안전운행에 지장을 줘서도 안 되니까 딱 한 마디만 덧붙이고 말았다.

"어린 아이들이 줄서서 기다리고 있었단 말이에요."

버스 기사가 아무리 '선한 의지'를 발휘하고 싶어도 그것이 불가능한 배차 간격 시스템을 운영하고 있다면 '교통불편 신고엽서'라는 것도 무용지물에 불과하다.

힘이 없는 개인의 '선한 의지'에 호소하기보다 힘 있는 권력자 즉 시스템 운영자인 정치인, 관료, 기업가들의 의지를 선하

게 만드는 것! 오는 대선의 주요 목표 중 하나가 되길 바라는
마음을 출근길에 가져봤다. 2017년 2월 24일

쎄실리아 돌아와줘요

"놈들은 우리에게 돌려줘야 해, 죽었거나 살았거나, 우리 남자들을 돌려줘야 해. 죽었다면 살인자들을 우리에게 넘겨줘야 할 거야. 그게 정의지!"

"남자들이 집으로 돌아오길 원합니다. 모든 남자들이. 살아 있는 사람들을 데리고 갔으니 살아 있는 채로 돌아오길 원합니다. 그들이 죽었다면 장례라도 치를 수 있기를 원합니다. 그리고 살인자들이 처벌 받길 원합니다."

지난 주 대단원의 막을 내린 연극 〈과부들〉에서 인상적으로 남은 배우들의 주요 대사들이다. 이번 작품에 관한 사전 배경지식이 없는 상태에서 제목만 보고 관람하신 분들은 그 내용의 비장함과 묵직함으로 인해서 잠을 못 이룰 수도 있었을 것이다.

(군사)독재정권의 철권통치 역사는 지구 반대편 나라, 칠레에서도 1970년대 초부터 90년까지 자행됐었다. 숱한 민중 학살과 실종자들이 발생하고 공포정치가 민주주의의 숨통을 끊어 놓았던 비극의 역사였다.

칠레를 역사적 배경으로 만들어진 작품이었지만, 질곡의 우리 현대사와 묘하게 오버랩 되었다. 동병상련의 아픔 같은 것이 느껴지며 이런 소재의 작품을 무대에 올린 관악극회에 찬사를 보낸다.

열흘이 조금 넘는 기간 동안 극중 배역(쎄실리아)에 몰입했던 아내에게 대단원의 막이 내리면서 올지 모를 허탈감을 줄

여주고자 작은 이벤트도 준비했다.

극중에서 아내는 실종상태인 남편을 둔 (생)과부이다. 뛰어난 미모와 사교성을 지닌 쎄실리아, 남편의 부재에 잠시 군부의 말단 하수인과 정분이 나지만 끝내 양심의 가책을 못 견디고 스스로 생을 마감하는 비련의 여인!

그래서 나는 극중에서 한 번도 나오지 않는 이름뿐인 남편, 떼오가 되어 연극을 마친 아내를 맞이해 줬다.

이런 손 팻말을 만들어서 손에 들고.

"나, 떼오 살아서 돌아왔어요. 쎄실리아, 용서하고 사랑해요."

2017년 10월 23일

사랑을 붙이다

풀칠은 하고 살아야 한다. 내 입만 아니라 남의 입까지 말이다. 생활의 기본 환경은 엇비슷해야 하니까. 내가 도배 봉사에 나선 취지이기도 하다.

불과 두 달 만에 작업 벨트를 허리에 걸쳤다. 전문 도배사들이 봤으면 코웃음 칠 일이겠지만, 아마추어 자원 봉사자들 속에서 그나마도 일꾼을 키워내기가 쉽지 않은 탓도 있었을 것이다.

마침 도배 봉사 날이 그저께(28) 촛불 1주년 대회와 겹치는

바람에 이른 아침부터 도배 작업을 하다가 오후에 행사장인 광화문 광장에 합류를 하게 되었다. 그래서 합창할 때 갈아입을 옷들도 가방에 한 짐 챙겨가야 했다.

가수 권진원님과 평화의 나무 합창단, 4.16 합창단이 협연하는 무대에 서게 되었다. 예전에 JTBC 뉴스룸 엔딩곡으로 우리 합창단이 부른 〈그대와 꽃 피운다〉가 방송 된 적 있었는데, 다시 그 곡을 부르게 되었다.

4,16 합창단과도 함께 〈약속해〉라는 곡을 불렀다. 그 날 합창 지휘는 4.16 합창단의 박미리 지휘자님이 맡았는데, 지휘하는 모습을 보면서 감동도 받았다. 유가족들과 마음으로 정

말 하나가 된 지휘였다.

지난 해 국민들이 촛불을 들었던 원인들 가운데는 국민과 마음이 하나가 되지 않고, 최순실 등 측근과만 마음이 통했던 대통령에 대한 신임철회도 한 몫 했다. '그대(순실)와 꽃 피운' 권력자에 대한 심판이었다.

남의 입 즉 국민의 입에 풀칠하도록 위임해준 권력을 자신들의 입에 풀칠하기 바빴던 것이다. 촛불시민들이 만들어준 문재인 정권, 국민과 꽃을 피우고 적폐청산과 개혁을 '약속해' 그리고 꼭 이행해 줄 것을 촛불 1주년에 당부한다.

2017년 10월 30일

슬기로운 가사생활

필요는 발명의 어머니란 말을 들어봤을 것이다.

직업의식이란 게 일상생활 속에 반영되기도 한다. 제조 스타트업 아니랄까봐 생활 속 사소한 불편함을 그냥 넘기지 않고 주방 보조 용품을 만들어 봤다.

앞치마, 행주, 도마, 고무장갑 걸이까지 특별히 파는 곳도 못 봤고 해서, 옷걸이를 조금 응용해서 뚝딱 만들었다. 평소 집안일을 아내와 분담해서 하다 보니 문제의식이 생겼고 대안을 만든 것이다.

나처럼 약간 긴 사람들은 우리나라 여성 평균 키에 알맞게 제작한 주방 싱크대의 높이가 좀 불편하다. 평소 설거지 하기

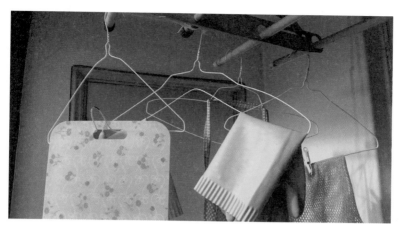

가 불편했는데, 고정관념을 깨보니 방법이 찾아졌다. 앉아서 설거지하면 안 될까?

중고용품 매장에서 와인바 용도의 높낮이 조절 의자를 보자마자 저거다 싶었다. 저걸로 설거지 해야지!

자기 일이라고 여기면 문제의식으로만 그치지 않는다.

좀 신기했는지 아내가 사진까지 찍어주었다.

2017년 4월 29일

겨울철 찬바람을 막는 비결

특정 계절에만 할 수 있는 봉사 활동이 있다. 겨울철이 오면 연탄 봉사 활동이 연상되곤 하지만 올겨울 나는 방풍 작업이란 걸 해보게 됐다.

독거 어르신들 댁을 찾아가 바람막이 비닐을 창문에 부착해드리는 일이다. 겨울철 방풍 작업은 연탄 봉사보단 까다롭지만, 사람을 사서 하기엔 좀 애매한 그런 사각지대에 놓인 봉사 활동이라고 할 수 있다.

산꼭대기 독거 할아버지 댁에서부터 연립주택 반지하 독거 할머니 댁에 이르기까지 하나도 동일하지 않은 주거환경의 방풍 작업을 주말 내내 하고 돌아왔다.

솔직히 누군가 대신해주길 바라는 마음도 간절했다. 하지만 그런 봉사 활동에 앞장서고 계신 분이 올해로 60대 중반에 접

어드신 젊은(?) 노인, 서○○ 장로님이시다. 우리 사회가 고령화 시대에 접어들면서 노인도 노인을 도울 수 있다는 모범을 보여주고 계신 멋진 분이다.

큰 형님뻘 되는 분이 솔선수범하는데 그냥 방관만 할 수 없어서 꾸역꾸역 옷을 껴입고 집을 나섰다. 몇 집을 그렇게 돌면서 방풍 작업을 하다가 드디어 그 할머니 댁에 도착해서 보니 입이 딱 벌어졌다.

비록 이중창문이긴 했지만, 안쪽 창문과 창문 사이에 어린애 주먹 하나 들어갈 정도로 틈새가 벌어져서 바깥 냉기가 차단되지 못하고 있었다. 할머니는 몇 년째 그런 상태였다며 체념하고 사셨다고 한다.

예전에 집주인이 사람을 불러서 공사를 한 번 해주긴 했지만 날림 공사가 되는 바람에 소용없었던 것이다. 할머니도 처

음엔 우리에게 별로 기대를 안 하고 계신 것처럼 보였지만, 우리에겐 눈 밝은 한 분이 계셨다.

비록 비전문 봉사자였지만 인테리어 업자의 날림 공사 허점을 꿰뚫어 보신 I 집사님이 계셨던 것이다. 전문가 손길을 거쳤기 때문에 어쩔 수 없다고 단념하지 않고 있는 그대로의 현상을 꼼꼼하게 관찰하고 살피셨다.

오래되고 낡은 집에 대한 선입견이 있을 수 있다. 파손이나 고장은 자연스러운 현상이고 원상복구는 어렵다는 편견 아닌 편견이 작용할 수 있다. 그래서 미리부터 선을 긋고 기대치를 낮출 수 있다. 거기다가 이미 공사를 한 번 했던 집이라는 정보까지 더해지면 근본적인 원인 진단은 생략하기에 십상이다. 그런데 I 집사님은 그렇게 하지 않으셨다. 어떤 선입견이나 편견 없이 근본부터 다시 살피셨다.

그랬더니 어이없게도 창틈에 맞는 창문 배열이 아닌 엉터리로 해놨던 것이다. 정말 어이가 없었다. 그렇게 원인은 발견됐지만, 우격다짐으로 끼워놓은 창문을 원상복구 하기까진 진땀을 흘려야 했다.

10년 묵은 체증이 내려가는 것 같았다. 당사자인 할머니 그리고 우리마저도. 제 자리를 찾은 창문에 방풍 작업까지 끝마치자 할머니는 믿을 수 없다는 듯 우리를 바라보셨다.

참으로 배운 게 많은 하루였다. 한 사람 리더의 희생적인 섬김이 끼치는 영향! 한 사람의 기본에 충실한 시각과 끈질긴 노력! 협력해서 선(善)을 이루어가는 팀워크의 중요성!

내 안의 냉기를 몰아낸 것은 덤으로 얻은 축복이었다.

혹시 겨울철 방풍 작업을 하면 실내 환기는 어떻게 할지 궁금한 분들을 위해서 사족을 단다. 창문을 여닫을 수 있도록 마감처리를 한다. 그래도 궁금하면 참여를 적극 권장한다.

2017년 12월 17일

무형문화재 김장

종묘제례악, 해녀, '김장 담그기.
전혀 무관해 보이는 이들 사이의 공통점은 무엇일까?
이들의 공통점은 국가무형문화재에 지정됐다는 점이다.
각각 1호, 132호 그리고 올해 11월 133호가 되었다.

적어도 나는 국가무형문화재의 손맛은 알 수 있다.

몇 년 전에 김장의 전 과정을 경험해 봤고, 올해도 처가 부모님 김장 하실 때 참여했기 때문이다.

동네 김장 품앗이가 남아있는 정(情)도 느끼면서….

어쩌면 부모님을 도와서 김장을 해본 마지막 세대가 될 수도 있다는 생각에 몸 사리지 않고 열심히 했다.

김장이 무형문화재가 되는 세상이라니, 만감이 교차하는 순간이었다.

부모님께 감사드리며, 월동 준비 잘 마쳤다.

2017년 11월 19일

특별한 대공원 관람

　미리 잡아놓은 세 가지 주말 일정을 취소할만한 가치! 그 세 가지를 합쳐놓은 것보다 분명 중요한 일이기 때문에 약간의 변명과 양해를 구해야만 했다. 30여년 만에 동물원에 가야 할 일이 생겼기 때문이다.

　어릴 적 부모님 손을 붙잡고 다녀온 기억이 어렴풋이 남아있는 추억의 장소이기도 한 동물원, 불과 일주일 전만 해도 이런 방식으로 동물원을 가게 될 줄은 전혀 상상하지 못했다. 그것도 전혀 모르는 분들과 함께.

　불과 2년 전 이맘 때 아버지께서 돌아가셨다. 소천하시기 수년 전부터 거동이 불편하셔서 휠체어에 의지해 외출을 하실 수밖에 없었다. 그런 아버지를 모시고 바깥나들이를 할 때면 아이처럼 좋아하셨다. 아버지에 대한 추억이 이맘때 더한 이

유이다.

　지난 주 일요일(주일) 교회에서 한 가지 광고를 봤는데 '휠체어 봉사자 모집'이라고 적혀있었다. 그 순간 "이건 내가 해야 돼"라는 생각이 스쳤다.

　거동이 불편한 (독거)어르신들을 모시고 늦봄나들이를 다녀오는 프로그램이었다. 바로 오늘(3일) 조금 설레는 마음으로 집을 나섰다. 과연 어떤 어르신을 만날까. 미리 정해진 것이 아니라서 궁금증을 참으며 갔다.

　노인복지관에서 여러 어르신들이 기다리고 계셨다. 독거 어르신들도 계셨지만 그중에 금슬이 좋아 보이는 노부부가 계셨는데 할머니가 휠체어 장애인이셨다.

　할아버지께 제가 오늘 할머니 휠체어를 밀고 다녀도 되겠냐고 여쭤봤더니 흔쾌히 좋다고 하셨다.

그렇게 해서 여러 어르신들, 봉사자들과 함께 나도 3인1조가 되어 과천에 있는 서울대공원 동물원을 다녀오게 됐던 것이다. 능숙한 휠체어 운전 솜씨는 내 입이 아니라 당사자인 할머니께 들어야 하는데….

단 한 건의 경미한 사고도 없이 무사하고 즐겁게 동물원 관람을 마치고 복지관으로 돌아왔을 때였다. 휴일임에도 나들이 일행을 기다리느라 퇴근도 못하던 복지관장님이 우리교회 장로님과 나에게 물었다.

"교회 다니는 분들은 어디에서 그런 마음이 생기나요?"

장로님은 "이웃을 사랑하는 게 기독교 정신입니다."

라고 담담하게 말씀 하셨다. 나는 어땠을까?

"기독교인은 빚진 자들입니다. 빚 갚으러 왔습니다."

하늘나라에서 아버지도 흐뭇해 하셨을 것이다.

2017년 6월 3일

5년만의 빨간 목도리

지난 6년 전인 2011년 12월 크리스마스를 앞두고 아내가 내게 선물을 하나 해줬다. 빨간 목도리! 색상도 좋고 감촉도 부드러워서 정말 마음에 들었다. 하지만 그 목도리를 그 후로 5년간 두르지 않았다.

6년 만인 오늘 드디어 빨간 목도리를 걸쳐봤다. 지난 5년간 그 목도리를 두르지 않은 이유가 있는데 지난 2012년 대선 당시 새누리당 박근혜 대선후보는 '100% 국민 대통합'을 기치로 내세운 적 있었다. 그때 나는 이런 사소한 결심을 하게 됐어요.

그가 국민에게 한 약속이 새빨간 거짓말이 아니라, 반드시 지켜지는 것을 확인할 때까지 그의 상징 같은 빨간색 목도리를 절대 매지 않겠다고 다짐한 것이다.

너무 오버한 게 아니냐고 생각할 수도 있을 것이다. 하지만 '신뢰의 정치인'이라는 그의 브랜드가 과연 허명이 아니라, 진실된 것이라는 확신이 들 때까지 그에게 시선을 떼지 않겠다는 의지의 표현이었다.

그런 내 마음을 아내에게 얘기하고 양해를 구했더니 아내도 흔쾌히 좋다며 함께 그를 예의주시하겠다고 했다. 그렇게 1년, 2년, 3년이 지나고 작년 탄핵 정국까지 그 목도리를 장롱에 처박아 두게 된 것이다.

박근혜의 국민 대통합은 휴지조각이 됐지만, 지난 5월 출범한 문재인 정부는 일관된 적폐청산 노력과 그에 기초한 국민 대통합의 노력을 기울여 왔다.

그래서 오늘(20) 빨간 목도리를 두르고 집을 나섰다.

원래 대선 일을 맞이하여 적폐청산과 새로운 사회의 상징과도 같은 광화문 광장 세월호 빈소와 천막을 둘러보며 잊지 말자는 각오를 다져보게 됐다.

빨간 머리띠를 대신해 빨간 목도리를 두르고.

2017년 12월 20일

발 뻗고 편히 잔 쪽이 가해자

가끔 옛 속담의 이면을 살펴보곤 한다. '때린 사람보다 맞은 사람이 발 뻗고 잔다.' 그것은 착한 사람 콤플렉스를 조장하는 동시에 가해자의 책임회피 의도가 숨어있다.

내 개인적인 경험에 비춰 봐도 그런 것 같다. 초등학교 입학하고 얼마 안 지나서 있었던 일이다. 운동장에서 아침 조회가 시작되기 전 친구들과 놀고 있었는데 여자아이들의 놀란 비명을 들었다.

여자친구들이 고무줄놀이를 하며 놀고 있었는데, 한 친구가 고무줄을 끊으며 짓궂게 훼방을 놓았다. 그것도 모자라 양 갈래로 땋은 여자아이의 머리를 잡아당기며 재미있다는 듯 장난을 멈추지 않았다.

덩치는 커도 순한 편에 속했던 나였지만 그 순간 어디서 그

런 용기가 생겼는지 그 친구에게 달려갔다. 여자애들 그만 괴롭히라고 말했지만 듣질 않았다.

그러자 그 친구를 향해 오른손 주먹을 날리고 말았다. 사내애들은 어릴 적 서로 치고받으면서 자라지만, 제삼자 때문에 그것도 (여자)친구를 위해서 주먹을 써보긴 그때가 처음이었던 것 같다. 선빵을 당한 그 친구도 때린 나도 어안이 벙벙했다.

약간의 정적 뒤로 조회를 알리는 종이 울렸다. 그 뒤로 그 친구와는 별일 없는 듯 잘 지냈다. 정당방위라는 생각에 사과하지 않았지만 그래도 맞았던 그 친구에 대한 미안함은 가시질 않았다.

철없던 시절이지만 나는 그 후로 발 뻗고 편하게 잤던 것 같다. 그 친구도 과연 그랬을까? 지금 돌아보면 그렇지 않았을 것이란 생각이 든다.

발 뻗고 자는 쪽은 피해자가 아니라 가해자였다.

서지현 검사가 폭로한 성폭력(추행) 사건을 접하면서 피해자로서 그동안 얼마나 힘들었을까, 발 뻗고 편히 잔 쪽은 가해자였다는 생각에 분노가 치밀었다.

제 머리 못 깎는 검찰, 공수처 설치가 해법이다. 국민안전을 위협하는 유형의 적폐와 더불어 공권력의 불법 및 성폭력 같은 무형의 적폐청산에 피로감을 호소하는 이가 있다면 그가 적폐의 원인 제공자, 또는 이해관계자일 가능성이 대단히 크다.

서 검사의 밝은 앞날을 응원한다!

2018년 2월 1일

소소한 명절 가풍

　기억이 도달하는 한계까지 가본 명절 풍경 중 하나! 아마도 초등학교 2~3학년쯤 됐을 것 같다. 나의 아버지는 매우 엄한 분이기도 하셨지만, 남몰래 베푸는 인심과 선행 또한 후한 분이셨다.

　어머니도 마찬가지이셨다. 어머니는 가까운 이웃에게 잘하는 분이셨고, 아버지는 좀 멀거나 완전 남에게 잘하는 분이셨다.

　그런 두 분의 영향을 받으며 자란 유년 시절이었다. 특히 인상적이었던 것은 매년 설과 추석 때마다 신문배달원에게 양말 세트를 선물하시곤 하셨다. 배달원이 찾아오는 새벽 이른 시간에 맞춰서 직접 전해주시던 장면이 어슴푸레 떠오른다.

나도 97년 IMF 외환위기 시절에 대학 졸업생이어서 취업을 못 하고 힘들었을 때 신문 배달했던 경험이 있지만, 단 한 번도 그런 작은 선물을 받아본 적은 없었다. 그렇다고 불만을 품거나 그러진 않았다.

　그 후로 결혼을 하고 가정을 꾸리면서 부모님처럼 신문배달원에게 작은 선물을 주던 우리 집만의 작은 전통을 이어가게 됐다. 부모님 댁은 보수신문, 우리 집은 진보적 신문을 구독하며 균형을 이뤄왔다.

　명절 하루 전, 작은 나눔의 기쁨!

　설 명절을 맞으며 추억과 현재를 공유한다.

　무술년 새해 복 나눔으로 모두 함께 행복해지길 기원한다.

2018년 2월 15일

광화문 403 퍼포먼스

매년 결혼기념일을 앞두고 즐거운 고민을 하게 된다. 어떤 이벤트로 아내와 행복한 시간을 보낼까 이런저런 궁리를 하다가 올해는 즐거움보다 뜻깊은 일에 동참하는 것에 방점을 둬봤다.

그저께(3일)는 '제주 4.3 70주년'이었다. 얼마 전 '경험과 상상' 극단의 멤버인 친구로부터 '광화문 403 퍼포먼스' 참여를 제안 받았다.

연극인 아내뿐 아니라 나도 취지에 공감했다.

마침 결혼기념일(식목일 겸)과 가까운 날이어서 어디에 초

점을 둘까 서로 의논하다가 4.3에 시간을 내서 하루를 보람 있게 보내자고 의기투합했다. 시민(학생) 403명과 제주 4.3을 기리기로 한 것이다.

70년 전 제주에서 자행된 국가권력의 양민학살은 아직도 바른 이름(정명)을 갖지 못하고 그저 숫자로 추념 되고 있지만, 통합된 역사의식과 국가폭력에 엄격한 개념 대통령은 제주에 광명을 안겨줬다.

문 대통령이 제주 4.3 70주년 추념식에 참석해서 국가가 할 수 있는 거의 모든 일을 제시하는 동안, 광화문 광장에선 시민과 학생들이 자발적인 의지로 4.3 희생자들의 부활과 정명 운동에 참여했다.

흙빛으로 변한 희생자들을 생생하게 묘사하기 위해서 얼굴과 몸에 진흙을 바른 참여자들은 자기 자신마저 잊은 듯 했다.

연출에 의한 인위적인 각본 없이 각자 자연스럽게 희생자들을 표현하고 대변했다.

희생자들이 역사의 부름 앞에 깨어나고 잊힌 이름을 되찾는 장면에선 가슴속 깊은 곳에서 형언하기 어려운 벅찬 감동이 요동쳤다. 스텝을 포함하여 4백 명이 넘는 인원들이 그렇게 제주 4.3을 조명했다.

4월 5일 결혼기념일 대신 선택한 하루, 4월 3일! 그런 하루가 모여서 인생이란 퍼즐도 맞춰져 갈 것이다. 제주에도 육지에도 한반도에도 봄이 오길 기원해 본다.

2018년 4월 5일

나의 스승님

 순수의 시절을 살 땐 스승님의 인품에 매료됐다. 뭘 좀 알기 시작했을 땐 스승님의 학식에 탄복했다. 잘 살고 있나 점검할 땐 스승님의 존재를 떠올렸다.

그런 나의 스승님!

황희 정승과 농부의 일화에서 우리가 익혔던 것이 불언장단(不言長短)의 교훈이다. 비판 못지않게 신중해야 할 것이 칭찬, 칭송임을 일깨워주고 있다.

그걸 모르지 않지만, 공개적으로 존경심을 드러내도 손색없는 스승님이 계셔서 경의를 표하고 싶다.

국내 내부고발(공익제보) 연구의 최고 권위자이며 그러한 학문적 연구 성과를 바탕으로 국회 입법에 이르기까지 시민운동을 실천한 행동하는 지식인!

지난 2001년 국민의 정부(김대중 정부) 시절, 최초로 부패방지법이 제정되는데 기여했던 장본인 중 한 분! 중앙대학교 행정학과(現 공공인재학부) 박흥식 교수! 최후의 '갑질' 성역 중의 한 곳인 대학에서 그것과는 아예 거리가 먼 신사적 삶을 살아오신 인품의 소유자! 학문 연구가 너무나 좋아서 보직도 가급적 사양하는 연구자이며 끊임없이 연구의 영역을 넓혀온 대학자!

자주 찾아뵙지 못했지만, 인생의 중요한 고비마다 내려야 했던 결정에서 교수님의 의견과 내 생각이 비슷하거나 일치할 때 느꼈던 기쁨과 뿌듯함은 무엇과도 비교할 수 없는 감동을 줬다.

이제 반백이 다 된 제자가 몇 년 후면 그토록 사랑하던 교단을 떠나야 하는 스승님께, 당신을 진정으로 존경했노라고 그리고 앞으로도 흠모하고 자랑하며 살아 갈 것이라고 만인 앞에 고백한다.

SNS를 안 하고 사셔서 이 글을 읽지 못하시겠지만, 매개가 없더라도 진심이 전해질 것으로 믿는다. 보이지 않는 신뢰의 능력을 믿기 때문이다. 2018년 5월 15일

가슴 벅찬 백두산 기행

1990년대 중반 당시 20대 시절, 나는 백두산에 갔었다. 학생 신분으로 중국여행을 하는 게 매우 드문 일인데 중국어 한 마디도 못하지만 용기를 냈던 것 같다.

문재인 대통령은 중국이 아닌 북한을 통해서 백두산에 가겠다는 평소 신념을 예순을 훌쩍 넘겨서야 이뤘지만, 나는 하루라도 빨리 백두산, 천지를 보고 싶었다.

그보다 훨씬 이전인 초등학교 시절, 사회 교과서를 펼칠 때마다 백두산 정경이 담긴 사진에 매료되곤 했는데 그로부터 10여 년 후 꿈을 이루고 말았다.

3대가 덕을 쌓아야 일출을 본다는 지리산 천왕봉처럼, 6월 말경의 백두산 정상도 맑은 날을 기대하기가 쉽지 않다고 한다. 복불복이라 생각하고 떠났다.

　2박 3일간 포장도로 절반, 비포장 도로 절반을 지나서 백두산 중턱에 도달했고 거기서 두 시간여를 등반해서 마침내 민족의 영산 백두산 정상에 오르게 되었다.

　아무도 없었다. 드넓은 백두산 꼭대기에 단 한 사람도 없었다. 동행했던 길잡이 동포 한 분을 제외하곤 나 혼자였다. 너무나 가슴이 벅차서 한 동안 말을 잊었다.

　날씨도 청명한 가을 하늘만큼은 못 되었지만 살짝 내려앉은 구름이 오히려 신비한 정취를 더해줬다. 백두산에 가기 전부터 미리 작심한 게 있었다.

　노래!

　백두산에서 노래를 꼭 한 곡 부르고 싶었다.

　'우리의 소원은 통일'을 쉽게 연상할 수도 있었지만 나의 선곡은 달랐다.

가수 김광석이 불러서 더욱 대중화 된 그 노래 '광야에서'를 백두산 천지에서 천지가 떠나가도록 목청껏 불렀다. 만주벌판 호령하던 한민족의 기상을 그렇게라도 재현해보고 싶었다.

　앞으로 다시 백두산에 가게 된다면 문재인 루트를 통해서 가는 날이 하루 속히 오기를 기대한다.

　문루트, 백두를 넘어 광활한 대륙까지 뻗어가길~

　다음엔 어떤 노래를 부를까….

2018년 9월 21일

지금까지 이런 소통은 없었다

이것은 선문답인가 대화인가.

나의 사랑스런 조카.

농업용 저수지가 있던 곳이 어느덧 세월이 흘러 생태공원이 란 이름으로 바뀌어 시민들의 휴식처가 되었다. 어린 조카를 데리고 생태공원에 갔는데 거기서 유유히 물 위에 떠 있는 오 리를 보게 되었다.

오리 떼를 보면서 조카가 문득 이런 말을 했다.

"오리야, 백조랑 사이좋게 지내야 돼~~"

처음엔 무슨 말인가 고개를 갸우뚱했는데, 맥락을 살펴보니 동화 속 미운 오리 새끼 얘기였다.

만 네 살짜리 아이의 입에서조차 혐오는 나쁜 것, 낙인찍기 가 잘못된 것이라는 얘기가 나온 것이다. 아이들도 아는 이치

를 잘났다는 어른들만 모르다니, 조카의 얘기를 들으면서 헛헛한 웃음만 나왔다.

무엇을 상상하든 그 이상을 보여주는 자유한국당.

친일과 독재, 권위주의와 혐오의 뿌리가 여전히 건재하고 찬란하게 명맥을 잇고 있는 낙동강 오리들. 제발 백조랑 사이좋게 지낼 수 없겠니?

2019년 2월 18일

봄 푸릇하다

중년에도 우리 사랑은 봄 푸릇하다.
20년에서 2년 뺀 결혼기념일을 지나며
자주 가는 동네 카페에 아내와 함께 들렀는데
카페 사장님이 "이 부부만 보면 기분이 좋아져요".
그러더니 즉석에서
직접 써서 액자에 담아 선물로 주셨다.
우연치곤 참 신기하고 고마웠다!

영화 '생일' 보고 나와서 접한 내일
비 소식이 참 반갑다.

2019년 4월 8일

헌 돈 드릴께요

은행 ATM에서 돈을 좀 찾았다. '어버이 날'을 앞둔 시점이어서 그런지 평소와 달리 신권이 나왔다. 그런데 별로 반갑지 않았다.

은행은 신권 수요가 많을 것에 대비하여 고객 서비스 차원에서 신권을 투입했을 것이다. 그런데 내 의도와는 전혀 맞지 않았다.

신권을 받아 가지고 다시 은행 창구로 가서 구권으로 바꿔달라고 하니 창구 직원은 좀 의아해 했다. 까마득한 옛 일 같은데 나도 은행원 출신이지만 신권을 구권으로 바꿔달라는 손님을 못 봤다.

오늘 어버이날을 맞이하여 어제 준비한 봉투를 (처가)부모님께 각각 드리면서 이렇게 여쭤봤다.

"아버님 어머님, 저희가 용돈을 좀 준비했는데 신권이 아니

라 구권이에요. 저희가 왜 이렇게 했는지 혹시 이유를 짐작하시겠어요?"

잠시 생각에 잠기시던 아버님이 이렇게 대답하셨다.

"무슨 뜻인지 짐작이 간다. 그냥 쓰라는 거지."

내가 다시 말을 이어갔다.

"네! 아버님, 평소 교회에 헌금하시는 것도 좋고 손주들에게 용돈으로 주시는 것도 좋지만 이 돈은 두 분만을 위해서 꼭 쓰셨으면 해서요."

두 분이 고개를 끄덕이시며 웃으셨다.

내가 의도한 대로 정말 그렇게 하실지 모르겠지만, 고향으로 돌아와서 맞이하는 첫 번째 '어버이 날'을 부모님과 함께 보내면서 잠시 웃을 수 있는 시간을 가진 것만으로도 즐겁고 행복했다.

세상의 모든 부모님들, 건강하고 행복하세요.

2019년 5월 8일

나의 플라스틱 프리 챌린지

중요하지만 급하지 않은 일을 해야 할 '그' 때가 있다. 올봄은 유난히 가물어서 비가 좀처럼 내리지 않았고 그러다 보니 고장난 우산을 그냥 처박아 뒀다. 버리지는 못하고.

온·오프에서 동시에 친구인 문○○님이 지난 초봄에 '플라스틱 프리 챌린지 캠페인'에 나를 지목했다. 평소 생활에서도 습관화되어 있기 때문에 어려운 일은 아니었지만 뭔가 다른 걸 도전해보고 싶었다. 그런데 막상 떠오르질 않았다.

일회용 컵 대신 텀블러 사용은 이미 기본이고 집 안팎에서도 플라스틱 이용은 최대한 자제하며 생활했기 때문이다. 그냥 텀블러 사진 올릴 걸….

시간은 흘러가고 약속은 지켜야 하는데 대략난감. 그러다 한 주간 일기예보를 보는데 며칠 뒤 비 소식이 있었다. 바로 이거다 싶은 영감이 번개처럼 스쳐갔다.

고장난 우산을 고쳐 써야겠구나!

플라스틱과 비닐이 주요 소재인 우산. 평소에 잃어버리기도 쉽고, 바람 한 번 세게 불면 휙 뒤집어져서 쉽게 고장나는 대표적인 일상 소모품. 그런 우산을 고쳐 써봐야겠다는 생각이 들었다.

그런데 막상 우산을 수리하려고 수선집을 찾아봤는데 그게 간단한 일이 아니었다. 일단 인터넷 검색해서 몇 군데 전화 끝에 겨우 동선이 맞는 곳을 알아냈다.

비오기 3일 전에 우산 수선집을 방문할 수 있었다.

수선집 주인이 예상 밖의 질문을 하였다.

"그냥 새 것 사지, 왜 고쳐 쓰려고 해요?"

거창하게 '플라스틱 프리 챌린지' 어쩌고저쩌고 하는 것보다 이렇게 답해줬다.

"이것도 자원이잖아요".

망가진 우산 살 끝을 수리했더니 새 것처럼 번듯하게 우산이 바뀌었다. 그걸 손에 받아 들고 나오면서 진짜 하고 싶었던 말을 주인에게 건넸다.

"이거, 아내가 선물해 준 거라서 못 버린 거예요."

그제야 그도 고개를 끄덕이며 웃었다.

나의 '플라스틱 프리 챌린지' 도전기였다.

2019년 5월 20일

밀레니얼 세대와 함께

아내로부터 대중문화 일대일 과외를 받는 입장에서 최근 밀레니얼 세대들을 이해하기 위한 키워드로 방탄소년단(BTS)의 노래들을 유튜브로 접해봤다. 예전엔 노래방에서 가끔 비틀즈 노래를 불렀는데 그들과 비슷한 레벨이라고 해서 관심을 갖게 되었다.

춤은 고사하고 따라 부를 엄두도 안 나는 곡들이지만 가사가 전달하는 메시지를 제대로 이해하고 싶었다. 쉽지는 않았다. 그들은 오지랖 넓지도 주제넘지도 않게 메시지를 전했다. 단순하면서도 담백하게 뫼비우스의 띠처럼 한국과 세계를 안팎으로 잇듯이….

요즘 아침에 일어나면 FIFA U-20 월드컵 소식에 하루를 기분 좋게 시작하곤 한다. 우리 대표팀의 승리 요인을 분석하는 뉴스와 기사들을 접하면서 또다시 밀레니얼 세대들에게 주목하게 되었다. 그리고 내 나름의 소결론에 도달하게 되었다.

호흡이 잘 맞는 세대와 세대 간의 콜라보가 존재한다. 주인공인 밀레니얼 세대의 뒤에는 X세대라는 스텝이 있다. 이들은 격의 없는 소통방식과 목표에 이르는 과정 자체를 즐길 줄 알며 팀의 성취를 특정인에게 몰아주는 대신에 골고루 향유한다는 점에서 다르다.

나는 대중문화나 스포츠 영역뿐만 아니라 우리 사회 곳곳에서 이런 현상이 확산되길 진심으로 바라면서 새 역사를 써 내려가고 있는 그대들을 응원한다.

소극적으론 꼰대질 안 하기로, 적극적으론 미래의 꿈을 공유하며 함께 실현해가기로!

2019년 6월 19일

풍산아 산책가자

공유의 시대를 실감하고 있다.
이웃집 반려견, 풍산이를 두고 하는 말이다.
풍산이 견주는 연로한 어르신이어서

 산책을 시켜주고 싶어도 할
수 없는 형편이다.

풍산이에게 반한 우리 부부
가 제안을 드렸다.
틈만 나면 산책을 시켜주고
싶다고 말이다.
처음으로 개껌을 사봤고 목
줄도 알아봤다.

언젠가 마당이 있는 집에 살게 되면 꼭 하고 싶은 것!
집 마당에서 큰 개를 키우며 산책하기
진돗개, 풍산개, 골든 리트리버
꿈은 이루어진다. ^^

2019년 9월 1일

나는 당원이다

나는 당원이다!

길었던 무소속 야인의 시간을 마감하고 당원이 되었다. 아무런 전제도 조건도 없이 평당원으로 다시 시작했다.

지난 2012년 제19대 국회의원 총선거를 끝으로 막을 내린 창조한국당이 나의 처음이자 마지막 당원 생활이 되길 바랐고 그 꿈은 슬프게 이뤄졌다.

젊은 날의 도전은 그것만으로도 아름다웠다고 자부한다. 창조한국당의 평당원으로 시작해서 대표까지 역임했다. 계란으로 바위도 쳐보고 용기 하나로 버틴 청춘이었다.

그 후로 중도 개혁적인 제 3정당의 출현도 있었지만, 내가 다시 한 번 정당인이 된다면 중도에 소멸하는 정당이 아니라 지속가능한 정당을 선택하고 싶었다.

양당제 기득권에 안주하지 않고 경쟁을 받아들이며 쇄신과 포용에 힘쓰는 지속가능한 정당을 원했다. 나는 이런 정당의 당원이 되고 싶었다.

　한반도 긴장 완화와 번영을 추구하는 평화 정당, 대기업과 중소기업의 상생을 추구하며 스타트업과 벤처 정신으로 경제체질을 변화시키려는 혁신 정당, 소상공인들도 보호하고 비정규직 노동자들의 지위와 권익을 향상시키는 상생 정당, 20~40대 젊은이들의 정치 진입을 돕고 미래를 대비하는 활력 있는 정당.

　어떤 부분은 여전히 미흡하지만 그래도 방향은 제대로 잡고 가는 정당이라고 기대하기에 당원으로 가입했다.

　한 번은 슬펐지만, 남은 한 번은 기쁘게 마감하고 싶다.

　나는 더불어민주당 당원이다.

2019년 11월 1일

DIY 무소음 드럼

　DIY 사업을 하다 보니 집에서도 응용이 되기도 한다. 아내가 요즘 드럼 레슨에 푹 빠져 있다. 꿩 대신 닭이라고 이것저것 집안의 물건 끌어다가 실제 드럼 대용 무소음 연습실을 만들어봤다.

　머지않아 드럼 채를 돌려가며 연주하는 아내의 모습,

상상만 해도 기분이 업 된다. ㅎㅎ

2016년 7월 12일

생일을 알차게 보내는 7가지 방법

생일. 오늘 하루를 이렇게 보내려고 한다.

1. 생명 주심에 감사하며 부모님께 선물 하기
– 어버이날은 길러주신 은혜에 또 한번 감사!

2. 소박한 먹거리 나누기
– 동네 무료급식소에 익명(별에서 온 아저씨^^)
으로 생일 떡 돌리기

3. 내 자신에게 선물하기
– 신영복 선생의 신간 『담론』 동네서점에서 찜

4. 긴급구호 참여 하기
 - 지진 피해로 고통당하는 '네팔'
에 성금 보내기

5. 사회참여 활동하기
 - 세월호 시행령 개정 촉구 1인
시위, 광화문

6. 전시장 관람하기(상반기)
 - 코엑스 전시장 둘러보며 상상
력 넓히기

7. 문화가 있는 생일 저녁 데이트
 - 아내와 함께 대학로 소극장에서 연극 관람

내년 생일 전, 세월호 다 밝혀지길 소원한다.

2015년 4월 30일

친구와 성경

얼마 전 한 친구로부터 연락이 와서 만나게 됐다.

그 친구는 20대 초반에도 세상을 관조하듯 과묵했고, 법 없이도 살 것 같은 친구였다. 20여 년 동안 친하게 지낸 사이지만 한 번도 그 친구에게 전도라는 걸 하지 않았다. 언젠가 그가 예수를 알면 좋겠다고만 생각했다.

친구를 만나서 밥을 먹고 차를 마시면서 이런저런 얘기를 하다가 그 친구가 얼마 전부터 교회에 다니기 시작했다는 얘기를 했다. 그러면서 며칠 전 나와 통화 할 때 성경책 남는 것 있으면 한 권 달라고 하려 했는데, 괜히 번거롭게 할 것 같아서 말을 안했다는 것이다.

그 말을 듣고 내가 조용히 가방에서 성경책을 꺼냈다. 친구를 만나러 가기 전에 뭔가 선물할 것 없나 곰곰이 생각하다가 문득 내가 읽던 여러 성경책 가운데 한 권을 선물해주고 싶은 마음이 생겼다. 교양으로라도 한 번쯤 읽어 보라고 권하고 싶었다. 처음으로.

그 순간 서로가 말없이 얼굴에 미소를 머금게 되었다. 친구에게 성경을 건넸을 때 그 자리에서 펼쳐보진 않았다. 그렇게 만나고 집에 돌아왔는데 그 친구가 전화를 해왔다. 성경을 읽고 싶어서 펼쳤는데 그 속에서 만 원 짜리 한 장을 발견했다면서, 혹시 예전에 넣어두고 잊어버린 것 아니냐고.

실은 내가 그 친구에게 줄 성경책을 준비할 때 만 원 짜리 한 장을 성경 속에 넣어 뒀다.

그 친구가 나의 성의를 생각해서 성경책을 받더라도 그냥 읽지 않고 책장에 꽂아둔다면 발견 할 수 없는 돈이었던 것이다.

그래서 말해 줬다.

친구가 교회 나가기 시작한 사실도 모른 채 성경책을 선물하고 싶었고, 지갑을 선물할 때도 그 속에 돈을 넣어서 선물한다는 얘기를 들은 적 있어서 응용해 봤다고. 언젠가 네가 성경책을 펼쳐서 여기저기 읽다가 발견하게 되는 작은 기쁨을 선사하고 싶었다라고, 그러자 그 친구가 교회 다닌 지 얼마 되지 않아서 아직 헌금을 한 번도 못했는데 그 만 원 짜리로 교회에 생애 첫 헌금을 해도 괜찮겠냐고 물었다.

그래서 흔쾌히 그렇게 하라고 대답해줬다.
메리 크리스마스~~

2014년 12월 25일

국가대표 수비수와 소방공무원

오늘 아침 옷장 구석에서 언제 샀는지 기억도 안 나는 붉은 악마 티셔츠를 꺼내서 물끄러미 잠시 보다가 현재 축구 국가대표팀 선수들의 얼굴과 이름을 떠올려 봤다.

2002년 한일 월드컵 이후 지난 남아공 월드컵까지 우리 대표팀 선수들에 관해서 대부분 알고 있었다. 이번엔 그렇지 않아서 좀 의아하기도 하고 놀랐다.

러시아전 선발 출전 선수들 가운데 6명의 이름과 얼굴은 알았지만 나머지 5명은 처음 보거나 약간 알 것 같기도 한 선수들이었다. 무려 절반 가까운 선수들을 모르고 월드컵 경기를 시청한다고 생각하니 약간 머쓱했다.

경기가 끝나면서 머쓱함은 이내 미안함으로 바뀌었다. 나에게는 낯설은 그들이 주로 수비수들이었다는 점에서, 화려함과는 거리가 먼 그들에게 관심이 없거나 적었다는 둔감함과 성과주의에 물든 내 자신의 모습에서 말이다.

엄밀히 얘기하면 골을 먹지 않는 것도 중요한 성과중의 하나인데 부지불식간에 골을 넣는 화려함에만 초점을 맞춰서 사고하고 기억의 가치를 부여해왔던 것이다.

세월호 참사 역시 미리 막아야 할 것을 미연에 방지하지 못한 국가 수비망의 총체적 부실이었다는 점에서 정부의 취약지대, 관심의 사각지대였다는 점도 되새겨 봐야 한다.

비록 화려하지 않지만 늘 우리 곁에서 든든한 수비수 같은 안전지킴이 역할을 해온 지방직 소방 공무원들의 위상도 정부조직 개편과 더불어 국가직으로의 전환을 정치권에서 적극적으로 검토하고 수렴해주길 희망한다.

한 가지 중요한 사실을 잊을 뻔 했다. 우리 국가대표팀 홍명보 감독이 리베로 출신임을!

수비수인 김영권, 김창수, 박주호, 윤석영, 이용, 홍정호, 황석호 선수, 미안하고 고맙습니다!

대표팀 모든 선수들의 선전을 기원한다.

2014년 6월 19일

세월호 참사 1주년 진단

세월호 참사와 대통령

시스템에 적합한 인사의 공백이 절실하게 느껴진다. 백보를 양보해서 설령 NSC의 본래 기능중의 일부를 안전행정부로 이관할 필요성이 있었다고 하더라도 역시 마찬가지로 심각한 위기관리 공백이 발생한다.

대통령 자문기구인 NSC 회의에 안전행정부 장관은 당연직 상임위원이 아니므로 필요시 참석할 수 있을 뿐 평상시 회의에 참석할 의무가 없다. 따라서 사회적 재난 같은 잠재적 위기에 대비하여 NSC 구성원들이 평소 중지를 모을 기회가 줄어들 수밖에 없는 구조적 한계가 있다.

NSC 구성원들의 면면을 보더라도 군사와 안보중심 인사만

즐비할 뿐 대형 재난 특히 사회적 재난과 관련된 전문가는 눈을 씻고 찾아봐도 찾을 수가 없다. 안정행정부 역시 마찬가지이다. 공직사회에 대한 '개방형직위제' 도입이 10년을 넘어서고 있지만 과연 얼마만큼 안전관련 전문가의 충원이 이뤄지며 그 실효성은 파악되고 있는지 의문이다.

이번 세월호 참사에서 나타난 안행부의 위기관리 능력은 관련 전문가의 부재와 정비례해서 표출되고 말았다. 그들이 최선을 다했을지 몰라도 방법을 모르는 최선은 결국 옥상옥의 구조를 만들면서 골든타임을 놓치고 말게 된다.

인사(人事)가 만사(萬事)라고 했다. 대통령이 이와 같은 참사를 예방하고 대비하기 위해서 과연 적재적소에 인재를 등용했는지 국민은 의문을 갖는다.

그 밖에도 대통령에 대해서 문제 제기를 할 수 있는 부분들도 있겠지만 이 정도에서 갈음하고자 한다.

지금 필요한 것은 국민의 소리에 적극 귀 기울이는 것이다. 푸른 청(靑)기와 집이 아니라, 들을 청(廳)와대가 돼야 한다.

세월호 유가족들이 대통령을 만나러 청와대로 찾아갔다. '대통령의 자식'이라고 했던 그분들을 향해 벗은 발로 나아가 진정성이 느껴지도록 사과하고 어루만져 줄 수는 없었을까.

소는 잃으면 외양간이라도 고치지만 사람의 생명은 사후수습이 불가능한 절대가치의 존재이다. 어떠한 사후수습도 희생자들과 유가족들을 달랠 수 없겠지만 대통령 자신을 비롯해서 철저한 진상규명과 재발방지책을 위해서 야당과 시민사회 그리고 국민의 소리를 경청하며 대안을 함께 만들어가야 할 것이다.

단순히 기구 몇 개 재편하거나 신설하는데 급급해하지 말고, 대한민국 사회전체의 구조적 문제점을 이번 기회에 차근차근 살피면서 사회적 위기에 대한 새로운 인식전환과 지속적인 시스템의 보완과 정비를 해나가야 한다. 그럴 자신 없으면 대통령직 내려놓고 야인으로 돌아가길 바란다.

물은 배를 띄우기도 하지만 이번처럼 대형여객선도 단번에 집어 삼킬 수 있음을 각별히 유념해야 할 것이다.

세월호 참사와 정치권(여당)

세월호가 침몰한지 꼭 한 달이 지났다. 지난 한 달 동안 정치인은 대통령 한 사람이었다. 정치인들도 사람인지라 국민과 함께 슬퍼하고 애도하며 조용히 구조에 힘을 보탤 수 있었겠지만 해도 너무했다.

어떤 유명 정치인은 이렇게 말했다.

"산소통 메고 구조 하지 않으려면 정치인은 진도에 가지마라."

우리나라 정치인들의 평균수준을 감안하면 전혀 일리가 없는 말은 아니지만 나는 그 말에 쉽게 동의하기 어려웠다. 현장에서 옥석이 가려지는 법이니까. 최근 광역단체장 후보의 진도 방문에서도 여실히 드러났다.

행정부 고위 관계자 의전에도 벅찬데 정치인들이 시간차로 현장을 방문하면 구조 활동에 지장을 줄 수 있다는 점에서 맞는 말이지만 정치인들은 그 말을 새겨들어야 했다.

현장에 가되 관계부처의 구조 활동에 도움을 줄 수 있는 방식으로 현장을 지켜라. 실종자 가족들의 곁에서 말이다. 처음엔 몇 차례 뺨도 맞을 각오하면서 천막치고 돗자리 깔고 가족들의 요구사항을 효과적으로 전달하는 매개자의 역할을 수행했다면 이렇게까지 존재감 없는 모습은 아니었을 것이다.

산소통은 메지 못해도 산소 같은 역할은 해야 했다. 의회 과반수를 차지하는 집권여당 새누리당의 존재감 상실도 큰 문제지만 야당의 몸 사리기도 도를 지나쳤다. 세월호와 함께 정치권 전체가 가라앉아 버린 것이다.

이번 구조 활동에 민간잠수부 선생님들의 노고가 컸듯이 가라앉은 정치권을 구조해서 끌어올린 것도 시민이었다. 영화 '7번방의 선물'의 주인공 용구처럼 '흥부압박 상지거상법' 일명 심폐소생술로 혼절한 정치권을 깨운 이들도 실종, 희생자

가족들이었고 나이어린 학생들과 추모행렬의 국민이었다.

이와 같은 국가적 위기상황에서 정치가 실종된 데는 여당인 새누리당 다선(3선 이상) 국회의원들의 허약한 정치력에서도 찾을 수 있다. 때론 여당속의 야당 역할을 하면서 막강한 권한을 독점한 대통령에 대해서 견제와 비판을 할 수 있어야 하는데 그런 움직임과 분위기는 찾아보기 어려웠다.

그런데 놀랍게도 오는 6.4 지방선거에 출마한 후보자들 중에 적지 않은 여당의 다선 의원 출신들이 존재한다는 것이다.

지난 MB정권시절 '세종시법' 원안 고수를 주장하며 대통령과 사실상 맞섰던 리더십을 보여줬던 이가 현재 청와대의 주인이 되었다는 점에서, 이들 여당 다선 의원들이 적어도 그 정도의 리더십이나 정치력을 보여줬었는지 의문이 들 수밖에 없다.

단지 보수정당에서 가끔 한 마디씩 툭툭 던지면서 개혁적인 분위기를 연출하며 희소가치의 존재에 머물렀을 뿐, 첨예한 사안들(4대강 사업, 방송법 날치기, 대선 불법의혹 등)에서 자신의 정치적 생명을 걸기까지 소신을 지키고 정치역량을 발휘했는가에 대해서 회의감이 드는 것은 왜일까.

세월호 참사로 인해서 대통령의 지지도가 떨어지는 이때 대통령과의 거리두기와 차별성을 꾀할 만큼 과연 그들은 충분히 유능했고 성실했으며 책임감을 다했는지 궁금하다.

세월호 참사와 정치권(야당)

갑자기 비가 올 때 어쩔 수 없이 비닐우산을 찾게 된다. 그냥 비 맞고 집에 갈 수는 없으니까. 그럭저럭 아쉬운 대로….

야당에 대해서 느끼는 딜레마도 결코 적지 않다. 이번 세월호 참사 이후 행여 불똥이 튈까 전전긍긍하는 여당에 대해서 리더십과 정치력을 보여주지 못했다.

여당이 망설이고 주저할 때 야당은 더욱 현장으로 달려갔어야 했다. 튀는 행보를 하라는 것이 아니라 이번 사고 관련 여야 상임위 위원들과 현장에서 공동천막을 치고 숙의하며 함께 지원하는 일을 주도했더라면 달라진 야당의 위상을 국민에게 보여줄 수 있지 않았을까 생각한다.

계륵(닭의 갈비)에도 원조가 있다면 새정치연합의 전매특허가 아닐까 하는 생각이 떠나질 않는다. 정부와 여당에 대해서 반대만 하지 않는 책임 있는 제 1야당의 모습이라고 자부할지 모르지만 현실은 동화 속 백설공주의 마법 거울이다.

자신들이 생각하는 자화상과 국민이 바라보는 시각 간에 존재하는 이 엄청난 괴리감은 자신의 실력보다는 대통령과 정부의 실정에 기댄 반사이익의 정치, 여당과 비교했을 때 희미한 차별성에서 비롯됨을 외면하는 것처럼 보인다.

결국 유권자인 국민은 언제까지 울며 겨자 먹기 식으로 허약한 대안을 선택할 수밖에 없는 포로정치의 희생양 노릇을 하면서 더 나쁜 놈, 손 좀 봐주기 식으로 차선의 정치적 선택에 만족 해야만 된단 말인가.

축제처럼 치러지는 선거가 아닌 정치적 우기에 치러지는 이번 6.4 지방선거에서 다급한 선의의 유권자들이 어쩔 수 없이 비닐우산을 쓸 수밖에 없다면 선거 이후 새정치연합 등 야권이 반드시 할 일이 있다.

우선은 세월호 참사와 관련하여 한 치의 거짓과 성역도 없는 철저한 진상조사와 국민이 납득할 만한 수준의 재발방지책을 만드는 동시에 희생자 유가족들의 슬픔을 달래줘야 한다.

또한 이번 참사를 통해서 우리 사회가 4.16 이전과 이후가 질적으로 다른 사회가 될 수 있도록 정치 및 경제기조를 자본논리 중심이 아닌 사람중심으로 재편해야 할 것이다. 사람이 희망인 연대와 신뢰의 공동체를 복원해야 한다.

그런 연후에 현재 거의 사라질 지경에 놓인 '안철수 현상'을 제도화(다당제 정치 환경을 위한 정치관계법 개정)하는데 차별화된 진정성으로 정치개혁에 나서야 할 것이다.

현재 거대 양당 중심의 독과점적 정치 구도로는 국민의 다양한 정치적 선택권을 보장할 수 없다. 차별화된 정책과 가치의 경쟁 또한 불가능하다.

주권자이며 정치소비자인 국민의 정치적 선택권을 제약하

는 더 이상의 방관은 민주주의의 적이 되는 것임을 민주를 표
방하는 세력들은 명심해야 할 것이다.

2014년 5월 16일

새로운 이산가족 북한 이탈주민

우리나라에만 있는 가족이 있다. 진정한 의미에서 '또 하나의 가족'이다. 기러기 가족, 구(舊)이산 가족, 신(新)이산 가족이 그들이다.

기러기는 언젠가 다시 만날 기약이라도 할 수 있지만, 이산 가족들은 이제 서서히 눈물이 말라간다. 시간이 얼마 남지 않았기 때문이다.

남북 당국의 분발을 촉구한다.

새로운 이산가족인 탈북민(새터민)들의 말 못할 고통도 외면할 수 없는 현실이다. 자발적 선택이었기 때문에 그 책임을 온전히 그들 스스로 감내하도록 방치하고 있는 것은 아닌지 우리 사회가 돌아보아야 할 때이다.

현재 약 2만 5천명으로 추산되는 탈북 새터민들을 후기 분단시대의 새로운 이산가족으로 받아들이고 포용함으로써 평화적 통일의 시대를 대비해 나갔으면 하는 바람을 2차 이산가족 상봉에 즈음해서 가져본다.

2014년 2월 24일

People

Peace

Passion

politics

Pioneer

Chapter 2

Peace

개성남북정상회담을 제안한다[1]

지난 2월 25일 취임한 박근혜 대통령은 취임사에서 한반도 신뢰 프로세스로 한민족 모두가 행복한 통일시대의 기반을 만들겠다고 밝혔다. 총론이 제시되었으므로 이제 남은 것은 그것을 실천할 실행 로드맵을 짜는 것이다. 이에 나는 다음과 같이 남북 정상회담의 조속한 개최와 구체적인 실행 방도를 제안하고자 한다.

흔히 역사에서 교훈을 얻지 못하는 민족에게 미래는 없다고 했다. 박근혜 정부 역시 지난 정부의 정상회담 시기 및 대북 정책에서 빚어진 시행착오를 되풀이하지 않길 바라는 차원에

1) 2013년 3월 5일자. 〈한겨레 신문〉 오피니언 코너 기고문.

서 그의 임기 전반기에 해당하는 2014년에 남북 정상회담 개최를 제안한다. 노무현 전 대통령의 참여정부 사례를 회담 개최 시기라는 점에서 반면교사로 삼을 수 있다. 노 전 대통령은 10·4 남북 정상회담에서 남북관계 발전과 평화번영의 내용이 담긴 주옥같은 공동선언을 도출해 냈지만, 그의 임기 말에 그것도 차기 정권 재창출이 불확실한 상황에서 추진한 결과 차기 정부에 의해 철저히 부정당하고 말았다. 만약 노 전 대통령이 임기 중반을 넘지 않은 시기에 정상회담을 개최하고 여야 협의를 통해서 그 회담 내용을 추진했더라면 정상회담의 구속력과 실행력이 더욱 높아졌을 가능성도 부인할 수 없을 것이다.

또한 이명박 정부가 보여준 사례도 대북정책의 기조와 내용 면에서 반면교사로 삼아야 한다. 이 대통령은 10·4 정상선언을 정략적으로 외면하는 것도 모자라서 '비핵·개방·3000'을 표방하며 대북정책의 지렛대를 스스로 포기함으로써 그의 임기 내내 신냉전의 기운이 한반도를 뒤덮게 만들었다. 박근혜 정부가 전임 이명박 정부와 달리 불통정치에서 벗어나고자 한다면 지난 연말 대선에서 민주통합당 문재인 후보가 '집권할 경우 임기 개시 1년 이내에 남북 정상회담을 개최하겠다'고 했던 야당의 대선공약에서 여야의 공통분모를 도출해 낼수 있다. 그렇게 할 수만 있다면 박근혜 정부는 대통령 임기 2

년차인 2014년을, 현재 당면한 북핵 위기를 조속히 해소하고 심각하게 손상된 남북 양쪽의 신뢰 회복과 평화번영의 전기를 마련할 적기로 삼을 수 있다.

이미 앞선 두 차례의 남북 정상회담이 남쪽 정상의 평양방문 형식으로 개최되었지만 현재 북쪽 김정은 노동당 제1비서가 답방하는 것은 현실적인 제약으로 말미암아 실현되기 어렵다고 볼 수 있다. 그렇다고 남한 정상이 계속해서 평양을 방문하는 형식도 적절치 않다. 그렇다면 남북 정상이 평양이 아닌 북한의 제3의 장소에서 정상회담을 할 필요성이 제기된다. 최적의 회담 장소는 개성, 즉 개성공단이 될 수 있다. 김정은 제1비서가 개성까지 내려옴으로써 남한 답방에 버금가는 성의를 보인다는 차원과 더불어 남북경협의 상징인 개성에서 양쪽 정상이 정경분리 원칙을 재천명하는 상징성도 기대할 수 있기 때문이다.

2014년 개성 정상회담이 열린다면 더불어 개성에서 80대 이상 이산가족 상봉도 함께 추진하길 바란다. 박 대통령이 야당 국회의원이던 2002년 북한 방문을 통해 당시 김정일 국방위원장과 이산가족 문제에 관해 허심탄회하게 해법을 모색했다는 점도 다시 한번 상기할 필요가 있다. 이와 더불어 남북 20대 청년세대들이 참여하는 문화교류의 기회를 마련함으로써 2080세대가 한반도의 평화와 통일을 향한 꿈과 비전을 세

대 간에 공유하는 남북 화해의 장이 될 수도 있음도 정상회담
의 부수적 성과라는 점에서 함께 제안한다.

2013년 3월 5일

북한 인권을 말하다

지난 정권 이후 국가인권위원회의 유명무실화 등, 우리사회의 인권 상황이 심각한 퇴행을 거듭하고 있어서 북한의 인권 문제에 대하여 자신 있게 비판하기가 쉽지 않았다. 물론 할 말은 해야 한다고 생각했지만.

북한 내부정치에 관한 평가는 생략하겠다. 다만 최근 북한의 고위 실력자가 형장의 이슬로 사라지는 과정에서 목격된 인권 침해적 요소는 반드시 짚고 넘어가야 할 필요성이 있다.

놈, 개만도 못한 쓰레기, 원수, 원새끼를 꼬면서(다리를 꼬면서), 건성건성 박수를 치면서, 무엄하게도, 개꿈을 꾸면서, 무자비하게 징벌….

언론에서 발췌한 북한 군사재판소 판결문 일부이다.

다시 한 번 강조하지만 내정간섭이라는 차원이 아니라, 인권침해가 공공연히 자행되는 북한의 총체적 시스템에 관해서 객관적인 평가와 비판은 필요하기 때문이다.

북한체제의 폐쇄성, 군사법원이라는 특수성을 감안하더라도 인류역사에서 보편적으로 확대되고 보장돼온 인간의 존엄성과 생존권이 어떤 상황에서도 무시되거나 유린되는 것은 정당화 될 수 없다.

특히 법원의 재판과정과 판결은 그 사회의 민주주의와 인권의 수준을 가늠하는 척도라고도 볼 수 있다. 그가 직위에서 해임된 지 나흘 만에 전격적으로 사형선고가 이뤄지고 형이 집행됐다는 것은 왕조시대나 전근대 시대에서나 있을 법한 일이다.

과거 인혁당 사법살인 사건을 부끄러운 역사로 기억하고 비판할 수 있듯이 동일한 잣대로 북한의 현 인권상황을 직시하고 비판하는 것은 진보와 보수라는 진영을 떠나서 민주주의자라면 그렇게 할 수 있어야 한다.

한 때 식량난으로 북한 주민의 생존권이 위협받을 때 인도적 지원을 외면했던 우리 측의 처사도 북한 인권문제에 관한 바른 접근이 아니었듯이, 정치범을 비롯한 북한 인민의 기본권과 인권이 침해되는 것을 침묵하거나 외면하는 것도 결코 바람직하지 않은 태도라고 생각한다.

남한의 인권문제에 민감하듯 북한의 인권문제에 관해서도

균형 있는 비판을 통해서 남북 어디에서나 소수의 특권계층이 아닌 다수 국(인)민의 생존권적 기본권과 자유권적 기본권이 보장되고 실현되길 희망한다.

2013년 12월 14일

여성 평화운동가들과 함께 걷기

평화가 찾아왔다. 지구촌 이곳저곳에서 평화를 염원하는 여성들의 상상력과 결단력이 모아져서!

어제(24일) 노벨평화상 수상자를 포함한 15개 국가, 30명의 여성 평화운동가들이 한반도의 평화를 염원하며 비무장지대(DMZ)를 관통해서 임진각에 도착했다. 우리 정부의 옹졸한 처신 때문에 원래 계획대로 걸어서 판문점을 통과하지 못했지만 취지의 본질은 살아있었다.

우리 쪽 여성계와 종교계 인사들도 그들과 평화의 손바닥을 마주치며 꽁꽁 얼어붙은 남북 사이의 냉기를 해소하고, 한반도의 평화와 통일을 함께 기원했다.

올해가 'Women Cross DMZ' 행사였다면, 내년엔 'Women & Park Cross DMZ'를 상상해 본다.

　관점에 따라서 '깜찍'할 수도, '끔찍'할 수도 있겠지만, 철조
망으로 둘러쳐진 비무장지대(DMZ)가 대통령의 성처럼 평화
Park로 거듭나는 계기만 될 수 있다면.

　어제에 이어 오늘 '부처님 오신 날'을 맞이하여 한반도를 비
롯한 온 세상에 평화를 기원한다!

2015년 5월 25일

장고 끝에 악수, 개성공단 폐쇄

개성공단이 사실상 그 생명을 다했다. 정말 통탄스럽고 유감이 아닐 수 없다. 뭘 할 줄은 모르면서 재 뿌리고 망가뜨리는 데 일가견이 있음을 박근혜 정권은 또 확인시켜줬다.

주무부처인 통일부 관계자도 결정 과정을 잘 모르는 상황에서 개성공단 전면중단 조치를 발표하는 장관, 거기에 감정적으로 맞대응하는 방식으로 밖에 볼 수 없는 북한의 폐쇄선언은 불에 기름을 뿌린 형국이다.

박근혜 정권 출범 이후 사회와 경제 여러 부문에서 위기관리 능력이 거의 제로에 가깝다고 해도 과언이 아니었다. 세월호 참사는 발생 2년이 가까웠어도 무엇 하나 속 시원하게 밝혀진 게 없으며, 말로는 경제를 살린다면서 개성공단 입주 중소기업들의 생명줄을 단칼에 끊어놓았다. 가혹한 정치, 정말 혹독하다.

북한의 핵실험과 로켓 발사는 비판받아 마땅하다. 하지만 개성공단 전면중단에 이은 폐쇄조치는 남북한 공히 목적과 수단의 비례성이란 점에서 악수중의 악수를 둔 것으로 역사에 기록될 것이다.

이번 남북한이 취한 조치의 가장 큰 위험성은 대화가 없는 대신 행동만 있고, 과정이 없는 대신 책임지지 못할 결과만 쏟아냈다는 점이다. 쏟아도 다시 주워 담을 수 있는 여지를 남겨두는 여백의 정치가 실종되고, 불구대천의 원수처럼 등을 돌렸다는 점이다.

양쪽 수장들이 정치적 협상 테이블을 꾸릴 생각은 하지 않고 누구 담력이 더 센가만 자랑하는 모습이다. 문제를 푸는 지도자가 아니라 문제를 만들고 확대하는 트러블 메이커가 한반도 평화의 제일 큰 리스크가 됐다.

할 수 있는 게 별로 없지만 아예 없진 않다. 협상도 평화도 없으며, 종합적으로 안보에 무능한 박근혜 정권과 새누리당에게 책임을 물으면 된다. 정치세력에게 책임을 묻는 방법, 선거제도가 있으며 투표의 가치가 새삼 중요해지는 그 날이 오고 있다.

2016년 2월 12일

개헌과 남남 기본합의

살아오면서 퇴짜 맞아본 경험이 별로 없었는데 이번에 좋든 싫든 그런 경험 연거푸 해봤다. 얼마 전 진보적 언론사에 기고문을 보냈다가 퇴짜 맞은 내용이다.

여기서 남남 기본합의란 대북정책에 있어서 진보와 보수진영 간 합의점을 의미하는 것이다. 한반도 정세가 그 어느 때보다 엄중한 상황에서 주로 단기적 처방에 집중해 있을 때, 장기적 관점에서 해법이 무엇일까 나름 고민한 흔적으로 봐주면 좋겠다.

바로 본문으로 들어가겠다.

한반도 정세처럼 순풍과 역풍이 수시로 교차하는 지역도 드물 것이다. 지난 반세기 넘게 세계 유일의 분단국가인 남북한은 서로 영향을 주고받는 변수가 되어 위기와 평화라는 바람을 일으켜왔다.

지난 5월 촛불시민의 염원으로 정권교체에 성공한 문재인 정부마저도 그와 같은 조건에서 자유롭지 못하다. 지난 보수정권 9년간 꽉 막혀온 남북 관계에 새로운 전기가 마련돼야 하지만 마땅한 돌파구가 보이지 않는 게 현실이다.

지금이야말로 헌법적 가치를 지닌 '남남 기본합의'를 상상하고 논의할 시점이다. 남북의 입장을 한 번쯤 바꿔서 생각해볼 필요가 있다. 역설적이지만 정권교체가 없는 북한의 독재체제에선 남북 간에 체결한 합의나 공동선언 이행에 변수가 덜할 수 있다.

우리의 경우는 정체교체 등 변수가 적지 않다.

지난 91년 남북한은 '남북 사이의 화해와 불가침 및 교류협력에 관한 합의서(남북기본합의서)'를 체결했다. 그것은 노태우 보수정권하에서 이뤄진 남북 당국 간 합의였다.

하지만 노태우 보수정권하에서 연장선상에 있었던 김영삼 정권에서조차 그 기조를 끝까지 유지하고 실행하지 못했다. 지난 93년 북한의 NPT탈퇴 등 북핵 위기가 원인 제공이 된 점도 간과할 수 없지만, 여야 정권교체가 아닌 상황에서도 남북 간 합의 이행은 결코 쉽지 않음을 증명한 첫 번째 교훈이다.

남북한 정권에 대한 양비론만으론 이런 악순환을 해결할 수 없다. 더욱이 여야 간 정권교체 가능성이 언제나 열려있는 민주국가인 남한은 경험적으로 대북 정책의 진폭이 훨씬 더 컸던 것도 사실이다.

여야 정권교체로 무용지물이 된 2000년 6.15 및 2007년 10.4 공동선언이 대표적인 사례다. 두 번째 교훈이다.

정권교체에 성공한 문재인 대통령의 남북관계 복원 의지가 아무리 강하더라도, 심화된 북핵 위기 앞에서 보수 야당의 이해와 협조 없이는 과거 (진보)정권들의 시행착오와 한계를 되풀이 할 가능성도 적지 않다.

다행히 문 대통령은 그 부분에서 해법의 실마리를 찾은 듯 보인다. 문 대통령이 대선 후보 시절 대선공약으로 내걸기도 했으며 지난 7월 6일 독일 베를린 선언에서도 재차 밝혔던 '남북 합의의 법제화' 천명이 그것이다.

멀게는 박정희 대통령의 '7·4남북공동성명'에서부터 가깝게는 '김대중 정부의 6.15 및 노무현 정부의 10.4 공동선언'에 이르기까지 남북 합의를 법제화 하고 국회의 비준동의를 거치겠다는 의지를 대내외에 밝힌 것이다. 남한의 정권교체 리스크가 곧바로 대북정책 리스크로 전이되지 않도록 안전장치를 마련한 셈이다.

대북 정책의 인식과 접근 방식에 현격한 차이를 노정해온 남한의 진보와 보수 세력 간에 대북 정책에 관한 초당파적인 대타협이 우선적으로 이뤄져야 한다.

우리는 이미 그런 선례를 가지고 있다. 지난 2005년 노무현 대통령의 참여정부에서 '남북관계발전법'이 그러한 내용을 담아서 여야 합의에 따라서 제정됐고 이듬해 시행됐다.

하지만 정권교체가 이뤄지면서 이명박 정권에서 결국 그 법도 '비핵개방 3000'에 밀려서 유야무야 되고 말았다. 세 번째 교훈이다.

이제 더 이상의 악순환을 되풀이해선 안 된다. 문재인 대통령은 지난 대선 후보 당시 2018년도 6월 지방선거 실시 때 개헌안을 국민투표에 부치겠다는 개헌 로드맵을 밝혔으며, '개헌특별위원회'를 구성하고 산하에 '국민참여개헌논의기구'를 설치한다는 대선공약을 제시했다.

지금까지의 대북 정책으로 인한 남남갈등은 더 이상 실정법 수준으로 해결될 수 있는 차원이 아니다. '남북관계발전법 시즌 2'에 해당하는 '남남 기본합의'가 헌법에 명문화 되어야 할 이유이기도 하다.

앞으로 국민이 참여하는 개헌논의기구가 설치되면 자유로운 토론과 집단지성의 합의과정 속에서 진보와 보수가 함께 동의하는 핵심적 가치들을 '남남 기본합의'에 담아낼 수 있을 것이다.

　남남 기본합의가 남북 기본합의의 견인차가 될 것으로 기대
한다.　　　　　　　　　　　　　　　　　　　2017년 8월 13일

평화 핫라인

민주화가 한판 시합이 아니 듯, 평화도 단판 승부가 아니다.

이번에 분명하게 확인된 것은 어떤 동맹도 민족보다 나을 수 없다는 확고 불변한 사실이다.

우물 안 개구리처럼 '우리민족끼리'식의 발상에 갇히자는 얘기가 아니다. 트럼프 모델에 실체가 없다는 것이 확인됐으므로 문재인-김정은 모델로 이 난국을 돌파해 나가자는 의미이다.

폐쇄적인 '우리끼리'가 아니라 세계를 향한 대화의 창을 열어두되 한반도 평화의 핵심 당사자는 미국도 중국도 아닌, 남북이 한반도 운명을 스스로 결정한다는 대원칙을 표방하고 핫라인에 불이 나도록 소통하는 것이다.

위축될 것도 두려워할 필요도 없다.

평화를 향한 장도의 여정에 돌부리 하나 발에 걸렸을 뿐이다. 넘어졌으면 다시 일어나서 가면 된다.

다시 힘을 내자!

2018년 5월 25일

평화를 위한 불매운동

당근이냐, 채찍이냐? 나는 주로 당근을 선택하는 편이다. '주마가편'의 채찍보단 가급적 당근을 선호한다.

지난 2009년 쌍용자동차 대량해고 사태 당시에도, 삼성전자 오너 일가가 꾸준히 자행해온 탈·불법에도, 최근 대한항공을 비롯한 사주들의 슈퍼 갑질에도, 불매운동 방식보다 핀셋 개혁(오너 중심)을 지지했다.

하지만 예외가 없었던 것도 아니다.

가습기 살균제 파동으로 대표되는 옥시 제품, MBC로 대표되는 공영방송의 파행 보도행태, BMW 차량 화재사고에 대한 (독일)사측의 태도 등등 사람의 생명과 안전, 기본권을 침해하는 제품과 서비스의 경우엔 단호하게 불매운동을 포함한 소비자주권 운동에 동참해 왔다. 여기에 오늘 한 가지 기준을 개인적으로 더하려고 한다.

인류의 평화 증진에 역행하거나 소극적인 제품! 매우 당연한 기준이지만 우리 일상에서 그런 기준을 불매(운동)에 적용하는 경우는 별로 없었던 것 같다. 그래서 내가 오늘 결심한 내용을 공유할까 한다.

나이키(NIKE) 상품에 대한 불매운동을 제안한다. 이번 '2018 자카르타·팔렘방 아시안 게임'에 출전한 남북한 여자농구 단일팀은 나이키 운동복을 입을 수 없다고 한다. 한국 여자농구 대표팀을 후원해왔던 나이키가 미국 정부의 북한 제재 방침을 내세워서 남북 단일팀에 자사 유니폼 제공을 거부한 것이다.

아시안 게임도 올림픽, 월드컵과 마찬가지로 세계 평화와 인류 공영에 기여하는 축제이다. 지구촌 스포츠 잔치가 열릴 때는 분쟁국들마저 휴전하는 등 평화 기조에 협력하는 게 순리이다. 하물며 글로벌 메이커인 나이키가 한반도 긴장 완화와 북미 적대관계 해소에 찬물을 끼얹는 것과 같은 이번 결정은 도저히 납득할 수도 없고 묵과할 수 없다. 한국을 글로벌 호구로밖에 여기지 않는 처사이다.

나이키는 그뿐만 아니라, 오는 2020년 도쿄 올림픽과 같은 국제경기에서도 남북 단일팀 유니폼을 제공하지 않겠다는 용기(?)있는 발언을 거침없이 쏟아냈다. 외눈박이 눈으로 평화를 바라보는 시각에 불과하다.

그렇다면 그냥 말로만, 성토로만 그칠 수 없다. 나와 내 가족 그리고 이웃과 공동체 구성원들에게도 나이키가 그런 방침을 철회할 때까지 불매운동의 취지를 밝히고 동참해 줄 것을 호소할 작정이다.

한반도 평화 역행하는 나이키는 각성하라!

나이키는 근시안적인 평화 개념에서 탈피하라!

평화의 제전 저해하는 나이키의 이번 결정 철회하라!

2018년 8월 30일

평화나비 김복동 할머니

뚜벅뚜벅 걸으신
평화·인권운동의 길,
저희가 이어가겠습니다

고 김복동 님
평화를 위한, 한 영웅의 발걸음

시간은 절대 일본 편이 아니다. 흘러간 시간과 현재와 다가올 미래도 마찬가지다. 사람은 사라져가도 그 흔적은 더욱 선명해질 것이다. 일본군 성노예 할머니들이 모두 영면하시더라도 더욱 사무치게 가슴에 새기며 우리 모두 잊지 않을 것이다.

할머니들이 돌아가시기 전에 진정 어린 사죄와 배상을 한다면 인류사에 일본은 제국주의 침략전쟁의 과거를 반성한 문명국가로 기록될 것이지만, 만약 끝까지 자신들의 만행을 은폐하고 왜곡하는데 급급하다면 아시아뿐 아니라 세계사에 오명으로 남을 것이다.

일본 아베 정부에게 촉구한다. 미래의 선린우호 관계는 그냥 되는 게 아니다. 과거와 현재의 매듭을 잘 풀 때만이 가능한 것이다. 기술문명만 탈아입구[2] 할 게 아니라 성찰적 정신문명도 받아들여 인류공영의 평화국가로 거듭나길 바란다.

2015년 연말 당사자인 할머니들의 동의 없이 일본과 체결한 위안부 합의가 현재 사실상 백지화되었다. 그 당시 대통령은 국민에 의해서 탄핵되었지만, 국무총리를 지냈던 인사는 제1야당 대표가 되겠단다. 불과 3년 전의 일인데 이런 후안무치가 어디 있는가.

일본은 민족을 기만하고, 자한당은 국민을 우롱한다. 일본 자민당이나 우리 자한당이나 부끄러움을 모른다. 그래서 한 가지 사소한 실천을 하면서 살려고 한다. 세월호 배지를 3년간 달았는데 이제 평화나비 배지다. 질긴 정의가 순간 불의를 이긴다. 반드시!

세계적인 인권 평화 운동가 김복동 할머니. 이제 맑은 하늘 흐린 하늘 모든 하늘에 계셔주세요. 정의와 인권 평화가 필요한 모든 대지 위의 하늘에~~

존경하고 사랑하며 감사합니다!   2019년 2월 1일

---

2) 탈아입구(일본어: 脱亞入歐, だつあにゅうおう)는 일본 개화기의 사상가 후쿠자와 유키치가 일본의 나아갈 길을 제시한 것이다. 글자 그대로 '아시아를 벗어나 유럽으로 들어간다'는 뜻이다.

높은 뜻 낮은 사람

DMZ 평화인간띠잇기

이제 웬만한 청소년들도 잘 아는 '인디언 기우제'라는 교훈적 이야기는 실제로 이런 내용이라고 한다. 북미 대륙의 인디언들은 비가 올 때까지 기도를 하는 게 아니라 이런 식으로 짧게 기도를 한다고 한다.

비를 내려달라고 기도하지 않고, 저 너머 하늘에서 비구름이 몰려오는 광경을 마음의 눈으로 보고 귀로 듣고 냄새를 맡으며 비가 내리고 있다고 믿으며 기도한다는 것이다.

믿음은 바라는 것들의 실상이요 보이지 않는 것들의 증거니(히11:1)라는 신약 성경 말씀과도 일맥상통한다고 볼 수 있다.

4월 27일 판문점 정상 선언 1주년을 맞이했다. 비록 남북 간 합동 기념식 같은 행사는 없었지만 평화를 염원하는 전국 각

지의 시민들이 모여서 'DMZ평화인간띠잇기' 평화 행동을 함께 했다.

청소년·학생에서 중장년과 노인에 이르는 50만 명의 시민에서 모인 신들이 강원도 고성에서부터 강화도에 이르기까지 비무장지대(DMZ) 500km를 1m 간격으로 손에 손을 잡고 평화의 열망을 잇는 평화운동에 나선 것이다.

나도 평택시민의 일원으로서 행사에 참여했다. 마침 중·고등학생들 시험 기간이라서 많은 청소년들이 동참하지 못했지만(핀란드식 공교육 필요성을 절감) 어린이, 청년, 중·장·노년이 어울려서 버스를 타고 강화도에 도착해 100m 구간의 평화인간띠를 이었다.

빛이 바래지도 않았다. 기운 빠지지도 않았다. 관은 풀이 죽어있을지 모르지만 민은 달랐다.

평화 시민들은 마른하늘을 바라보면서도 강한 확신을 가지고 반드시 비가 올 것을 믿으며 옆 사람과 손에 손을 맞잡고 노래도 부르고 평화와 통일의 만세도 부르며 춤까지 추면서 평화의 내일을 바라봤다.

100만 년 만에 내가 춤까지 췄으니,

한반도 평화 그리고 통일.
반드시 온다!

2019년 4월 29일

People

Peace

Passion

politics

Pioneer

Chapter 3

Passion

빚진 세대

5월은 어린이 날, 어버이 날 그리고 부부의 날까지 가정을 중심에 둔 달이기도 하지만, 5.18 민주화운동 또한 잊을 수 없는 달이기도 하다. 가정과 민주화, 그 속에서 나는 어떤 사회적 존재이며, 어떤 삶을 살아왔는지 돌아보는 개인적 시간을 가져봤다.

내 자신과 우리(70년대 생, 90년대 사회, 학번)세대가 살아온 삶(인생의 반환점 또는 거기에 가까운)을 한 번 되돌아보면서 거기에 미래까지도 그려보게 됐다.

나와 우리는 누구이며 앞으로 무엇을 할 수 있는가?

일곱 가지 유형을 제시하며 풀어보겠다.

첫째, 빚진 세대이다.

둘째, 새로운 문화 세대이다.

셋째, 라이언킹 생존법의 세대이다.

넷째, 민주화 5.0 세대이다.

다섯째, 통일 한민족 세대이다

여섯째, 새로운 어른, 79(친구)세대이다.

일곱째, 빚 갚는 세대이다.

이제 그 첫째, 빚진 세대의 이야기부터 시작하겠다.

가장 크게는 부모님, 그 다음으로 누나, 형 세대이다. 우리 부모님 세대는 대게 해방둥이(45년) 전후부터 한국전쟁(53년)전후 시기에 해당되시는 분들이다.

얼마 전 심금을 울렸던 '꽃분이네, 국제시장' 세대였다.

어느 부모님 세대치고 자식 위해서 물심양면으로 베풀지 않은 세대가 없겠지만 특히 우리 부모님 세대는 해방의 격동기와 전쟁의 상흔 속에서 자신들의 삶을 온전히 자식세대를 위해서 희생하며 살아온 분들이다.

두 가지 측면에서 큰 빚을 졌다.

경제사적(새마을 운동) 측면과 정치사적(4.19혁명) 측면! 자신의 피와 땀방울로 나라와 가정경제를 일궈냈으면서도 대통령 덕분이라고 생각하시는 분들도 적지 않은 세대, 사실 내 부모님도 그런 어르신 중의 한분들이기도 하다.

이승만 독재정권과 맞서 학생·시민혁명을 이뤄냈던 자생적 민주주의 1세대이기도 했다. 헌신과 희생을 운명처럼 짊어지셨던 세대였다.

우리 세대가 크나 큰 물질적, 정신적 빚을 졌기에 감사하다는 말로는 형용하기조차 부족하게 느낀다. 그렇게 우리는 큰 빚을 지고 태어나서 자란 세대이다.

두 번째로 빚을 진건 우리 형과 누나 세대들이다. 80년대를 20대로 보내며 민주화에 헌신한 분들이다. 386세대라는 별칭으로 더욱 익숙한 민주화 세대들, 두 번 다시 못 오는 20대 청춘을 불꽃같은 열정으로 초개처럼 던졌던 순수의 세대에게 또한 빚을 졌다.

단군 이래, 이렇게 크나 큰 인생의 빚을 진 세대가 또 있었을까 하는 생각에 고개가 절로 숙여진다. 윗세대 덕분에 크건 작건 어릴 때부터 자신감이 몸에 베인 세대로 자라난 첫 세대가 아닐까 싶다.

우리 세대가 많게는 20대 중반, 적게는 10대 중반까지 그렇게 살아온 세대였다. 그때까진 그랬다. 1997년 11월 22일 그날(IMF)이 오기 전 까지.

인생이란…. 세대 간 평균적 형평이 실현되는 생물과도 같은가 보다.

2015년 5월 19일

새로운 문화 세대

둘째, 우리는 새로운 문화 세대이다.

이미 대통령을 배출한 세대이다. 모두들 직감했을 것이다. 문화대통령이 누구인지!

90년대 초반은 구소련의 붕괴와 동서독 통일 등으로 이념의 시대가 지나고 우리나라도 포스트모더니즘 시대가 열리면서 그 공간을 박차고 들어가는 세대가 됐다.

10대 시절부터 컬러TV가 보급되면서 시각적 부조화의 시대를 마감하고 총천연색 동영상 시대에 청소년기를 맞이한 첫 세대였다. 그 당시 미국 산 '톰과 제리' 일본 산 '은하철도 999' 그리고 극장에선 우리의 토종 애니메이션 '로버트 태권 V'가 우리의 동심을 사로잡았다. 또한 퍼스널 컴퓨너(PC)의 초창기 주요 유저이기도 했다.

5.18도 잘 모르고, 전두환 군사정부의 독재정치도 체감 못하며 10대 초·중반을 살아오다가 중반을 넘어서면서 정치와 사회문제에 눈 뜨면서 3김을 알게 된 세대! 자칭 보통사람 노태우 정권을 통해서 비로소 우리가 살아왔던 세상이 유토피아만은 아니었음을 자각하며 진정한 의미에서 자아의 첫 발견을 하게 된 신세대!

분명 우리 세대 안에서도 개별적 편차가 존재하고 격차가 있겠지만 오늘날처럼 상대적 빈곤에 의한 박탈감이나 소외감은 드물었기에 평등의식이 강하게 싹트고 움튼 세대였다. 그렇다보니 권위(정치, 사회적)에 대한 동질적 저항심(의식이라기 보단)이 강했고 '무조건' 따르라는 식의 리더십은 약발이 통하지 않은 세대다.

내 개인적으로는 학생운동을 하지 않았다. 필요성을 인정하고, 투신했던 친구와 선후배들을 존중했지만 내겐 안 맞는 낡은 옷 같았기 때문이다.

그 시절 여성운동을 비롯한 환경운동, 시민운동이 태동하면서 제3섹터(NGO)가 현실적인 대안으로 떠오르던 시절이었고 개인적으론 동경했다. 그 후로도 직·간접적으로 인생에 영향을 끼치거나 우리사회 변화의 진원지로 인식하며 때론 그 세계에 과감하게 청춘을 던지는 세대이기도 했다.

불과 몇 살 차이 나지 않는 선배 세대가 (학생, 노동) 운동권과 현실 정치권에서 자신들의 영역을 구축할 때 우리 세대는 문화라는 블루오션에 주목하며 생산자 및 주요 공급자로서 또한 수요자이며 주된 소비자로서의 문화적 생래계의 주요 구성원으로서 살아가게 되었다.

문화에도 권력이 있다면 그 '문화 권력'의 중심축을 담당하는 세대가 되었던 것이다. 한편으론 자랑스럽기도 하지만 다른 한편으론 우려스럽기도 하다. 왜냐하면 현실 정치권에서 특정세대가 의도하든 않든 간에 진입장벽으로 보이는 것처럼, 우리 세대 또한 아래 세대 (80년대 생, 그들 중에도 우수한 인재들이 많기에)에게 문화적 철옹성으로 비춰질 수 있기 때문이다.

문화도 정치와 마찬가지로 독점할 때 발생할 수 있는 역동성의 저하와 변화의 지체현상이 나타날 수 있다. 이점을 유의하며 '일신우일신' 한다면 진입장벽이 아니라 진입사다리의 역할도 감당할 수 있는 포용적 열린 세대가 현재의 우리 세대이기도 하며 또한 바람이기도 하다.

수평적 리더십(우리 세대에겐 더 이상 형용모순이 아닌)에 끌리는 세대, 누구 앞에서도 '그래서?' 할 수 있는 세대, 기존의 프레임으로 도저히 규정하기 어렵다고 해서 얻은 별칭이 X세대였지만, 진정한 의미에서 X는 현재완료형이 아니라 현재진행형이며 동시에 미래완료형인, 이 세대가 끝까지 가봐야

정의할 수 있는 세대가 아닐까 싶다.

2015년 5월 20일

라이언킹 생존법의 세대

셋째, 라이언킹 생존법의 세대이다.

우리 세대는 형제(자매)가 기본 2~3명은 됐다. 과거처럼 장남이 집안의 기둥처럼 신성불가침의 지휘를 누리던 시절의 가족관계, 형제관계만도 아니었다.

부모 자식 간에 엄격한 가족질서가 존재하면서도 어느 정도 의사결정의 자율성도 공존하며 가정민주화가 진척되던 시절에 청소년기를 보낸 세대이기도 하다.

F1 경주용 자동차처럼 레이싱 도로를 내리 질주하던 우리 세대에게도 어김없이 인생의 굵직한 나이테가 그어지는 사건이 있었으니, 97년 불어 닥친 IMF 구제금융 사태였다. 많게는 대학 졸업 즈음에 적게는 고교 재학 시절에 맞닥뜨린 전대미문의 경제공황은 우리 부모님 세대가 자식 세대에게 만큼은

절대 물려주고 싶지 않았던 고통의 '데자뷰'였다.

그런 점에서 우리 선배 세대들은 보릿고개 끝 무렵을 겪는 등 우리 세대보다 어릴 땐 좀 더 어려웠다. 그러나 세대 간 형평의 균형추가 움직인 결과였을까. 경제 '쓰나미'와도 같았던 외환위기의 파고를 피해서 사회진출의 막차를 탔던 선배들이 부럽기도 했다.

그 당시 개인적으로 나는 패배자(루저)였다. 대학졸업 직전에 도래한 경제위기 속에서 속수무책으로 떠밀려 다니며 간신히 살아남는 신세가 됐다. 하루에 세 가지 일을 하며 견디고 버텨야했다. 그렇게 약 1년을 지냈던 기억이 아직도 남아있다.

사회 전체적으로 약 3년여 간은 그야말로 각자도생의 생존방식으로 살아남는 게 급선무였고, 누구도 어떻게 살아남을 수 있을지 정답을 가르쳐주지 않았다.

사자새끼처럼 절벽 끝에서 떨어지더라도 살아남아야 사회적으로 선택받을 수 있었다. 더 이상 장밋빛 세상은 존재하지 않았고 세상을 보는 눈도 변했다.

우리 부모님 세대가 뼈가 빠지게 고생해서 이룩해 놓은 세상이었는데 하루아침에 무너지는 모습을 보면서 한국 사회의 구조적 모순과 문제에 관한 근본적인 의문점을 자연스럽게 품을 수밖에 없는 세대로 변모했다.

물러터진 세대에서 생존병기로 변신하며 두 번 다시 그와 같은 참상을 되풀이해선 안 된다는 사무친 다짐을 했다. 또 다른 한편으론 그러한 사회적 위기를 극복하기 위해서는 사회적 연대가 중요하며 개별적 이기심 보다는 협동의 정신이야말로 근본적인 위기극복의 대안이 될 수 있음도 자각한 세대였다.

그리고 어느덧 40대 중반에서 30대 중반의 연령대에 접어들었다. 우리 사회의 허리 같은 존재가 되어 조용한 변화를 일으키고 있다. 지속가능한 성장의 밑바탕에 상생의 가치가 자리 잡고 있음을 인지하며, 복지에 관해서도 더 이상 시혜가 아닌 보편적 삶의 질을 높이는 사회적 순기능을 인식하고 강조하게 됐다.

우리 자식 세대와 후배 세대들에게 마음으론 국제시장 할아버지처럼, 방법론으론 우리 세대가 겪었던 짧지만 강력했던 위기상황에서 '가만있지 않았던' 위기극복의 실전경험을 물려주기 시작한 세대가 되었다.

그 방법이란, 주입시키고 암기시키는 방식부터 버리는 것임을 우리 세대는 잘 알고 있다. 그러한 결단을 이미 내리고 실천하는 이들도 적지 않다. 더 이상 라이언킹 생존법이 아니라 황제펭귄의 허들링(huddling) 생존법으로의 전환을 통해서 협동의 가치 위에 개인적 성장과 성공을 조화시키는 것이 핵심 가치임을 행동으로 보여주는 세대이기에, 어린 아이들을 유모차에 태우고 광장에 나와서 당당하게 목소리를 낼 수 있었다.

새로운 문화를 창출해오며 다른 차원의 사회경제적 구조와 환경을 모색하며 만들어가는 역할, 우리 세대가 앞으로도 그렇게 살아갈 방식이며 또한 지향이다.

2015년 5월 21일

민주화 5.0 세대

넷째, 민주화 5.0 세대이다.

나는 정치학자는 아니지만 나름의 정치경험을 통해서 우리나라 민주주의와 민주화를 5단계로 구분해 보았다. 자의적인 구별이긴 하지만 참고가 되었으면 한다. 또한 이런 분류를 기초로 민주화 5.0 시대에 대비하는 우리 세대의 역할이 무엇인지 제안 하고자 한다.

지나 온 우리나라 민주주의 역사는 특정세대의 희생이 뒷받침 된 터전 위에서 민주화가 진전되었다. 과거의 민주화는 곧 정치적 민주화란 의미와 동일시되어 온 관계로 우리 세대는 소수를 제외하면 직접적인 기여보다는 혜택을 받은 세대라고 할 수 있다.

우리 부모님 세대에서 이뤄진 4.19학생·시민혁명은 이승만 민간독재 정치를 종식시켰다는 의미뿐 아니라 자발적이고 자생적인 민주주의 토양을 국민의 힘으로 일궈냈다는 점에서 민주화 1.0의 개막을 알렸다.

1789년 프랑스 대혁명이 미완의 성공에 그친 원인 중 하나는 봉기한 시민들의 정치세력화 부재에 있었다. 마찬가지로 우리나라도 시민의 힘으로 절대왕정 같았던 독재정치를 끝냈지만 시민이 정치의 주역이 되기에는 농경사회 중심의 사회경제적 환경의 한계가 있었다.

여우 피하자 호랑이 만난다는 옛말처럼 민간독재를 청산하자 그 빈자리에 군사독재가 주인노릇을 하는 시대가 열렸고 그로부터 18년이란 세월이 지나서야 간신히 철권통치가 막을 내리는가 싶었다.

하지만 또 다시 군복이 정치무대에 등장하고 광주에서 민주화를 염원하던 학생과 시민들을 향하여 무차별적인 진압과 학살을 자행하자, 그곳에서 또 다시 민주주의를 쟁취하기 위한 5.18 민주화운동이 일어났다. 그렇게 군사정권의 억압에 맞서 민주주의 회복을 위한 도화선에 불을 지핌으로써 저항의 민주화 2.0시대가 열렸다.

민주화 3.0의 시대는 그로부터 멀지 않았다. 87년 6월 민주항쟁은 마침내 우리 역사에서 군사정권의 종식에 성공하고 직선제 쟁취를 통해서 국민주권주의와 절차적 민주주의가 담보

된 시대로 접어들게 했다.

그 후 지방자치제의 점진적 실시로 인해서 중앙 정치의 변방에 머물던 지방이 풀뿌리 민주주의의 중심으로 거듭나며 생활정치의 문을 열게 된 계기가 됐다. 그리고 마침내 1997년 평화적인 여야 정권교체에 성공함으로써 민주화 4.0 시대에 접어들게 됐다.

절차적 민주주의로 대변되던 정치적 민주화는 이제 도저히 거스를 수 없을 만큼 확고히 우리 정치토양에 뿌리를 내리게 됐지만, 특정지역에 기반한 지역주의 정치가 고착화되는 민주화의 역설에 직면하게 됐다.

정치적 대표의 다양성이 확보되고 확대되는 방향으로 정치적 민주화가 진전되기 보다는 기득권 양대 정당을 중심으로 정치적 진영이 구축되는 결과를 초래했다. 그런 척박한 정치적 환경에도 불구하고 정당명부식 비례대표제의 도입을 통해서 진보적 가치를 표방한 진보정당의 원내진입이란 새로운 실험도 성공했다.

또한 헌법 법전에서 잠자고 있던 경제민주화와 실질적 복지의 실현을 목표로 합리적 보수와 온건한 진보를 아우른 제3정당, 창조한국당도 국회에 진출했다.

개인적으로 거대 양당의 벽을 넘어서기 위한 제3정당 활동에 몸을 담은 경험은 이후 민주화 5.0의 필요성을 더욱 절감하게 된 계기와 더불어 신념이 되었다.

민주화 4.0 시대는 현재까지 이어져오고 있다. 그간 우리 세대의 역할은 현실정치의 참여 주체라기보다는 합리적 비판자 및 지지자로서의 간접 참여가 주류를 이뤘다. 하지만 거대 양당 중심의 기득권 옹호 정치가 더 이상 국민의 변화 열망을 담지해낼 수 없음을 확인하는데 걸리는 시간은 오래지 않았다.

그런 문제의식의 축적이 임계점을 넘은 시점이 바로 지난 2012년 '안철수 현상'이었음은 주지의 사실이다. 그러나 정치인 안철수가 담아내지 못한 안철수 현상이 우리사회에서 완전히 사라진 것이 아님은 분명하다.

다만 과거처럼 인물중심이 아닌 안철수 현상의 제도화를 가능하게 할 수 있는 정치체제(시스템)의 모색과 실현이 과제로 남게 되었는데 그것이 바로 민주화 5.0이다.

민주화 5.0은 정치의 국민 대표성을 높이는 것이다. 미국의 오바마 대통령은 "목소리를 낼 수 없는 국민에게 목소리를 돌려주는 것이 정치."라고 했듯이, 우리 사회도 마찬가지로 사회구성원의 다양한 목소리를 정치현실에 반영할 수 있는 정치체제의 변화를 일으켜야 한다. 그것이 민주화 5.0이 지향하고 실현해야할 가치이다.

현재처럼 양당 중심의 정치구조 영속화를 지탱해주는 '소선거구 단순다수제'에 의한 나눠먹기 독과점 정치는 정치의 질적 변화를 담보하기엔 이미 한계상황이다. 현행 선거제도를 그대로 유지한 채 안철수 현상을 기대하는 것은 심지 않은데서 거두려고 하는 것이고 우물에서 숭늉 찾는 격이나 다름없다. 다당제에 기초한 합의제 민주주의의 실현은 불가능하다.

민주화 5.0의 필요성이 어느 정도 인정되더라도 누가 그 일을 책임 있게 해낼 수 있느냐의 문제가 아직 남아있다. 또한 어떻게 고양이 목에 방울을 달 수 있을 것인가의 현실적인 난제도 해결해야 한다.

그런 의문점에 이와 같은 대안을 제시할 수 있다.

민주화 5.0은 현재 정치권의 현역 정치인들에게 기대할 수 없는 기대난망의 금단 영역이므로 비교적 정치권과 거리를 유지하며 살아온 우리 세대가 정치적 시민운동의 주체로 나설 때 현실적으로 추동이 가능한 과제이다.

시민운동단체들의 권력감시 운동이 정점을 향해가던 2000년대 초반, 협소하나마 정당명부식 비례대표제를 정치권이 도입할 수 있었던 배경엔 정치개혁에 강한 열망을 품었던 시민들의 강력한 지지와 정치권에서 자유로운 활동가들의 열정이 결합됐을 때였다.

현재도 그러한 시민사회의 노력은 식지 않았지만 보다 정치개혁에 우선순위와 초점을 맞춘 운동적 성격의 정치시민운동의 주체 형성과 지원을 위한 직·간접적 시민참여의 결합이 필요하다.

새로운 형태와 내용으로 일명 정치개혁 소비자 운동을 우리 세대가 해나가야 할 필요성과 의무감이 있다.

지난 해 4.16 세월호 참사 이후 우리 사회가 과거의 구습과 절연하고 근본적으로 달라져야 한다고 믿는다면 누구도 그 일을 대신해 줄 수 없다.

지난 해 정치권의 세월호 특별법 졸속 합의의 여파가 결국 유명무실한 시행령 제정으로 이어졌음을 부인할 수 없다. 결국 우리가 할 수밖에 없다.

우리 세대가 더 유능해서도 아니고 잘나서도 아니다. 우리 자식 및 후배 세대들을 위해서 우물을 파야 할 절실한 필요성의 소유자들이기 때문이다.

어디서부터 어떻게 정치개혁운동을 할 것인지는 돛대의 방향을 바꿀 수 있는 전문적인 소수와 최소한 배가 산으로 가지 않도록 목적 지향적인 집단지성의 결합을 통해서 이룩할 수 있다.

이제 우리 세대가 그러한 사회적 역량에 도달했다. 민주화 5.0을 향한 장도의 여정에서 이미 기본적인 준비는 끝마친 세대이다. 출정만이 남았다.

2015년 5월 23일

통일 한민족 세대

다섯째, 통일 한민족 세대이다.

우리 세대와 통일을 연관시키면 자연스러운 연상 작용이 일어나지 않는다. 하지만 통일친화성이라는 측면을 고려하면 통일을 대비할 중추적 세대라고 자부한다.

통일의 결과만을 부각하고 중요시하는 입장과 과정도 그에 못지않게 중요하게 여기는 관점이 있다면 통일친화성은 어느 쪽이 더욱 강할까.

내가 생각하는 통일친화성이란 이념과 체제 등에서 매우 이질적인 남과 북 사이에 통일인력(引力)처럼 작용하는 정서적 의지적 방법론적 지향 정도이다.

통일친화성은 자석의 극성(N극, S극)과도 유사하다. 두 자석을 서로 끌어당길 수 있도록 인력을 강화하는 방향으로 자석을 놓을 것인가, 아니면 서로 밀어내는 반발력이 생기는 방향으로 놓을 것인가의 문제이다.

흥부의 대박도 제비 다리를 고쳐준 선의가 있었기에 가능했으며 평소 그가 축적한 선행의 산물이었다. 통일친화성도 마찬가지 아닐까. 과정에 초점을 맞춘!

그렇다면 우리 세대는 과연 통일 친화적일까? 도리어 (386) 선배 세대가 민주화뿐 아니라 통일에 관한 화두와 실행 측면에서도 선점하고 있다는 의식이 일반적이다. '통일의 꽃'이 남북 공히 대명사화된 현실에서 과거를 부인하지 않지만 그것이 현재에도 유효하다는 점에는 동의하지 않는다. 선배 세대들의 통일에 대한 불타는 열정과 헌신이 남북을 포함한 시대적 상황변화에 비례해서 다수를 아우르고 통합할 수 있는 통일의제를 만들어 왔는가에 관해서 회의적이기 때문이다.

'통일은 절대선'이라는 구호성 명제 아래 모든 것이 합리화 될 수 없음은 결과 중심적 통일관인 현 정권 '통일대박론'의 허구성과도 일맥상통 하는 것이다.

우리 세대가 선배 세대들에 비해서 보다 통일 친화적인 배경에는 다음과 같은 요인들이 작용하고 있다. 통일친화성은 그 속성상 과정을 중요시 한다는 점에서 절차적 민주성을 기본으로 하되 거기에 평화감수성과 인권감수성이 결합될 때 비로소 완성될 수 있다.

선배 세대들이 민주적 감수성에 방점을 둔 세대라면 우리 세대는 그것을 바탕으로 평화 및 인권 감수성을 꾸준히 내면화해온 세대로 자리 잡았기 때문이다. 일명 '종북주의' 프레임에서 자유로울 수밖에 없는 탈이념 대학문화와 생활환경도 작용했다.

89년 해외여행 자유화 조치 이후 어학연수를 비롯해서 본격적인 외국여행에 나선 세계화 시대의 첫 세대이기도 하다는 점도 빼놓을 수 없다. 견문을 넓혀 나가면서 한반도 통일문제를 남북의 양자적 관점뿐만 아니라, 다자적인 국제적 관점에서 바라보고 접근함으로써 외교적 접근법의 중대성도 일정 부분 알게 됐다.

그러한 우리 세대의 통일친화성 생성과정을 볼 때 선배 세대들과 다를 수밖에 없는 특징적인 모습은 통일의 과정에서 민주성은 물론이고 평화 및 인권 지향성을 결코 간과하지 않는다는 점에 있다.

다소 더디더라도 정전체제의 평화체제 전환을 위해서 평화적 통일과정의 가치를 우선시하며, 국내 정치용이 아닌 통일 장도에서 마주치는 북한주민의 인권문제와 민주화에 관해서도 침묵 및 외면하지 않기 때문이다.

또한 우리 세대는 진보와 보수라는 개인적 지향성과는 별개로 통일을 위한 필요조건으로 한반도의 군비축소 문제를 공통적으로 인식하는 세대이기도 하다. 남북 공히 경제 및 사회복지 등에 더욱 절실한 국가재정이 과도한 군사비로 쓰이는 현실을 체감하기 때문이다.

남북이 군사력 위주의 안보관이 아닌 포괄적 안보관에 입각해서 북핵 폐기 및 남한의 재래식 군비증강 억제를 추동해낼 수 있도록 임무교대에 나설 세대가 됐다. 그러한 임무는 통일에 대비하여 남북 간의 신뢰회복, 인적 물적 교류의 재개 및 확대 등 통일의 밑거름이 될 통일의 사회자본 구축 및 점진적인 확충에 있다.

우리 세대는 통일을 향해 나아가는 과정에서 한반도를 둘러싼 주변 강대국들의 역할과 역학관계에 관해서도 편견이나 편중됨이 없이 균형적인 시각을 갖췄다.

특히 미국과 관련하여 우리민족의 근·현대사에 미친 영향과 결과를 직시하되 또한 평화적 통일을 위해서 미국의 외교적 지원의 중요성도 인식하고 있다.

중국의 급부상과 그에 따른 동북공정 등 패권국가화 경향을 예의 주시하면서도 남북통일에 따른 경계심을 떨칠 수 있도록 균형외교의 필요성도 알고 있다.

제국주의 침략전쟁의 가해자인 일본의 불철저한 과거사 반성으로 인한 신뢰와 협력의 문제가 상존하는 현실에서 일본의 평화애호 시민사회와 지속적인 연대를 통해서 남북통일 우호

세력 형성의 가치도 인지하고 있다.

중국과 더불어 한반도와 국경을 접하고 있는 러시아가 안보적, 경제적 관점에서 한반도 통일로 인해서 국익에 저해가 되지 않고 오히려 도움이 된다는 인식을 갖도록 러시아와 남북 공동 경협의 비중을 절감하고 있다.

이제 마무리를 하려고 한다.

통일 한민족 국가를 이룩하는데 있어서 지난 세월 동안 선배 세대들의 남북 당국 간 대화와 교류의 산 경험은 통일을 위한 귀중한 공동자산으로 승화돼야 한다. 기회가 닿는 대로 열심히 배우고 익혀야 한다.

남북의 평화와 통일의 이정표처럼 합의되고 제시됐던 6.15 및 10.4 공동선언의 핵심 근간도 살려내야 한다. 산업화와 민주화의 수혜자인 우리 세대의 시대적 책무 중 하나는 통일친화성을 더욱 발현하고 심화시켜서 도래할 한반도의 평화와 통일의 문을 여는데 있을 것이다.

우리의 삶의 현장에서 저마다 통일을 살아가야 한다.

2015년 5월 31일

새로운 어른, 79(친구)세대

여섯째, 새로운 어른, 79(친구)세대이다.

1970년대 생이자 대학 학번으론 90년대 학번에 속하는 세대를 통칭해서 79세대, 친구 세대라고 명명하고 싶다. 분명히 어른은 맞지만 때론 친구 같기도 한 최초의 수평적 소통중심 어른 세대를 나는 이렇게 부르고 싶다.

친구 세대의 몇 가지 특징을 들자면 다음과 같다.

첫째, 꼰대 의식과 행태에서 비교적 자유로운 어른 세대이다.

기성 86세대는 정치사회적 민주화에 기여한 세대이지만, 일상의 삶에서 마주하는 생활 민주주의 현장에선 꼰대적인 기질과 행태에서 비교적 자유롭지 못했다. 그런 점에서 성평등 의식이나 성인지 감수성에서 친구 세대는 후배 세대들에게 귀감이 될 만한 새로운 어른의 출현으로 볼 수 있다. 추세적인 측면에서 그렇다는 얘기다.

둘째, 포용적 열린 세대라고 규정할 수 있다.

밀레니얼 세대들이 직장 생활을 시작하면서 경험하는 대표적인 애로사항 중 하나가 수직적 위계질서와 의사소통 방식이라고 한다. 친구세대는 그런 후배 세대들과 86세대를 포함한 선배 세대 사이에 의사소통의 가교 역할을 하는 세대라고 볼 수 있다. 친구 세대가 성장 과정에서 내재화 해온 문화적 감수성과 소프트한 접근 방식이 우리나라 기업 및 조직문화 속에서 소통의 매개자 역할을 수행해 내는 것이다.

셋째, 새로운 어른의 모델링을 제시한다고 볼 수 있다.

한때 우리사회는 어른이 존재하는 사회였다. 유교적 문화가 압도하던 우리 부모님 세대는 나라에 충성하고 부모에 효도하는 인물(이순신 장군, 신사임당)이 전형적인 모델이 되던 시기도 있었다. 산업화와 민주화를 거치면서 시대정신을 대표하는 인물들이 바람직한 어른의 모습으로 추앙받기도 했다. 박태준 포스코 회장이나 김수환 추기경 같은 분들이 그들이다. 이후 탈냉전과 세계화, 정보화 시대의 도래로 말미암아 우리 사회에서 어른이란 무엇이고 누구인가에 대한 사회적 합의를 도출하기란 쉬운 일이 아니었기에 유보된 개념으로 노정되었다고 나는 생각한다. 이에 친구 세대는 탈권위주의적이며 수

평적 소통을 중요시한다는 점, 자신들의 언어만이 아니라 후배 세대들의 언어와 문화에 교감하며 수용한다는 점, 지시와 명령에 의한 목표 달성이 아니라, 협동과 협업을 통한 성과의 공유라는 차원에서 삼촌 리더십, 이모 리더십이란 별칭으로 불릴 수 있다는 점, 이런 점들의 종합적 집약체로서 우리사회 어른의 공백을 대체할 수 있는 개념과 위상으로 자리매김 할 수 있을 것으로 기대한다.

2015년 5월 31일

빚 갚는 세대

일곱째, 빚 갚는 세대이다.

우리 세대는 바로 앞 세대인 86세대와 달리 보릿고개 경험이 없는 첫 세대였고 빈부격차가 크지 않은 균등세대였으며 97년 외환위기를 온몸으로 극복한 생존병기의 세대였다. 대한민국의 현재 모습은 적어도 50대 중후반 내지 60대 이상이 만들어놓은 결정판이다. 빈곤 탈출과 정치적 민주화를 이루며 선진국 못지않은 정보화 사회에 안착한 역동적인 사회이다.

하지만 신자유주의 세계화라는 풍조는 우리사회를 부익부 빈익빈 경제적 양극화로 내몰았고 무한경쟁 약육강식의 정글 자본주의 사회로 치닫게 만들었다. 계층 이동의 사다리는 끊어진지 오래됐고 사회 양극화 현상은 고착화되고 있다. 밀레니얼 세대를 중심으로 오죽 했으면 헬조선이라는 신조어가 생겨나고 N포 세대라는 표현까지 등장했을까 생각하면 새로운 어른인 우리 79세대가 새로운 대한민국을 꿈꾸고 또한 만들어 가야하는 책무가 있다고 본다.

새로운 대한민국은 역동적인 진출입이 가능한 사회가 돼야 한다. 현재처럼 한 번 패자가 되면 영원히 헤어 나오지 못하는 개미지옥이 아니라, 패자부활이 가능한 사회가 돼야 한다. 평생 학습이 제도화 되고 실업을 두려워하지 않는 일자리 복지국가로 패러다임을 전환해야 한다. 공공기관과 대기업 및 중소기업의 중견 간부급에 도달한 79세대의 몫이다. 학벌 만능주의를 극복해 나가며 여러 경로로 계층 이동의 사다리를 내려주는 역할도 다름 아닌 79세대가 완수해야 할 사회적 책임이다.

한반도 평화 기조를 굳건히 하며 민족의 통일을 대비하여 바람직한 통일 한반도의 위상과 모델을 만들어가는 통일 밑그림 작업도 79세대가 장기적인 안목에서 해야 할 과제이다. 북한의 젊은 리더인 30대 김정은 위원장에 견줘서 남한의 새로운 통일 리더십을 형성할 수 있는 세대가 다름 아닌 79세대인 것이다. 통일을 현실적인 비용문제로 접근하는 후배 세대들의 염려에 관해서도 충분히 대안을 제시하며 분단 백년의 역사를 넘지 않도록 평화와 통일의 경로를 만들어가는 것이 79세대가 선배 세대들의 헌신을 계승하고 후배 세대들에게 그 과실을 안겨주는 역사적 사명일 것이다.

우리는 위 아래로 빚 갚는 세대의 운명을 타고 났다. 거룩한 부담감을 유쾌하게 실현해 나가는 세대가 우리 79세대이다.

2015년 5월 31일

다시 하나가 되는 대한민국

혼돈의 시기가 끝났다. 어둠과 빛이 혼재하던 여명의 시간도 지났다. 이제 밝은 빛 가운데 우리 모두 서게 됐다. 환호성과 탄식이 교차하고 있지만 순간이다.

탄핵이 인용되는 순간 저절로 눈물이 흘렀다. 탄핵 찬반 양쪽이 다 마찬가지였을 것이다. 우리 옆에 주저앉은 이들의 손도 잡아줘야 한다. 그것이 어둠에 항거했던 촛불의 따스한 이면이다.

다 같이 토론해야 한다. 시시비비도 중요하지만 그런 전철을 밟지 않기 위해서 부족했던 견제는 무엇인지, 정치권과 관료 및 기업의 퇴행적인 관행을 바로잡을 대안과 해법을 모색해야 한다.

더 나아가야 한다. 비록 헌재의 결정문에서 세월호 참사 인명구호에 관한 박 전대통령의 책임을 중하게 묻지 않았다고 하더라도, 우리의 미래가 거기에 머물거나 안주해선 안 된다.

국가의 최고책임자라면 국민의 생명과 안전을 지키는데 한 치의 소홀함도 있어서는 안 될 것이기 때문이다. 세월호 유가족들이 진정으로 원하는 것도 그것이다. 남은 진실이 밝혀질 때 전진의 교훈이 될 것이다.

오늘 탄핵인용 이후 한 친구가 이렇게 제안했다. 내일 광화문에서 다 같이 태극기를 들고 행진하자고!

승자와 패자의 구분 없이 민주주의와 헌정질서를 바로 세워나가는 동반자적 행진을 함께하자고 말이다. 부족한 민주주의를 채워가고 싶다. 깨어서 행동하고, 함께 빛이 되자.

2017년 3월 10일

어둠을 걷어 낸 평화 촛불

주말 대규모 촛불집회만 무려 스무 차례였다. 시종일관 평화롭고 질서 있는 명품집회였다. 남녀노소 지역을 불문하고 함께 이룩한 헌정질서 회복이자 정의와 민주주의의 최종 승리였다.

그 동안의 수고에 감사드리고 싶은 분들이 있다. 지난 6개월 가까이 주중엔 주말 촛불집회를 준비하고 당일엔 행사진행과 거리행진까지 실무를 감당했던 '박근혜정권 퇴진 비상국민행동' 활동가분들이다.

그들은 헌법에 보장된 집회와 시위의 자유를 현실에서 최대치로 끌어올리기 위하여 애쓴 장본인들이다. 청와대 앞 100m까지 평화행진을 가능하게 함으로써 민주주의를 권력과의 거리에 비례하게 만들었다.

박영수 특별검사와 특검팀의 활약은 백미였다. 그들은 성역 없는 수사를 통해서 적폐중의 적폐인 정경유착의 고리를 끊는 혁신의 이정표를 세웠으며 최순실-박근혜 게이트의 전모를 밝혀내고 말았다.

이제 오늘(13)이면 임기를 마치는 이정미 헌법재판소 재판관(헤어롤 짱^^) 그리고 전원일치로 탄핵인용을 결정한 재판관들이다. 국민의 합리적인 법감정을 공정하고 신속한 재판을 통해서 잘 승화시켰다.

잘 키운(?) 언론인 한 명, 삼백 명 정치인 안 부럽다는 인식을 낳게 한 JTBC 손석희 앵커와 약졸이 아님을 증명한 젊은 기자들이다. 또한 이보다 앞서 맨 땅에 헤딩하기식으로 전모를 파헤쳐간 '한겨레신문'이다.

정현식 K스포츠재단 전사무총장과 노승일 과장 등 용기 있

는 내부고발(공익제보)자들의 제보와 증언이 없었다면 이 사태는 백일하에 드러나지 않았다. 우리가 이분들을 따듯하게 보듬고 지켜줘야 한다.

광화문 광장에서 눈비를 무릅쓰고 모금함을 들었던 자원봉사자들, 군복무가 아니었으면 광장과 거리에서 함께 촛불을 들고 행진했을지 모를 의무경찰 청년들, 혹시나 떨어진 쓰레기를 줍고 다닌 예쁜 손 사람들….

이들 모두의 이름, 촛불시민들에게 감사한다!

2017년 3월 13일

스타트업 강국 대한민국

다 차려진 밥상에 숟가락 올릴 생각 없다. 대세에 편승한 기회주의적 처신은 더욱 아니다. 대선 후 뭔가 한 자리 해 볼 생각은 더더욱 없다. 지나온 내 삶에 부끄럽지 않은 선택을 했을 뿐이다.

한 때 공당의 대표도 해봤고, 스타트업 공동창업을 통해서 현재 기업을 하고 있는 현실에서 정치판에 기웃거릴 여력도 없지만 내게 내미는 손, 잡을 만한 몇 가지 충분한 이유를 공유하고 싶었다.

내가 몸담았던 창조한국당은 역사 속으로 사라졌지만, 그 정신과 지향만은 여전히 유효하다고 자부한다.

'사람중심의 창조경제를 통한 중소기업 강국' 실현은 그 당시 나와 동지들의 정치적 존재 이유였다.

2011년 말, 대표 임기를 마칠 무렵 현재 더불어민주당 대선

뒤안길로 사라지며 나도 정치를 떠났다. 정치 공학적 단일화
도 하지 않았고 당명도 유지하며 창당부터 해산까지 약 5년의
세월을 보냈다.

아쉬움은 남았지만 후회는 털끝만큼도 없었다. 시종일관 비
굴하지 않았고 언제나 당당했다. 시행착오는 있었지만 유·불
리에 연연하지 않았다. 총체적 역량의 부족이었지, 시대정신
은 옳았다.

당 해산 이후 그해 연말 18대 대선을 앞두고 혜성처럼 안철
수라는 정치신인이 등장했다. 그는 합리적 진보와 보수를 아
우르는 제3의 길, 즉 우리가 걸었던 그 길을 가겠다고 선언했
다.

다시 한 번 가슴이 뜨거워졌고 그를 지지했다. 하지만 그는
막판에 문재인과의 단일화를 했다. 나는 그 결정을 존중하며

문 후보를 지지하였다. 하지만 대선에서 문재인은 고배를 마시고 말았다.

그 후 안철수는 2014년 독자적인 창당을 선언했지만 용두사미로 그치며 김한길의 민주당과 통합했다. 그 때 나는 그의 그러한 독단적인 결정을 비판하며 그에 대한 지지를 완전히 철회하고 돌아섰다.

믿는 도끼에 발등 찍히는 심정이 이러할 것이다. 그 이후 우여곡절 끝에 민주당을 탈당한 안철수가 작년 20대 총선에서 신당으로 돌풍을 일으켰지만 그에 대한 신뢰를 다시 회복하지 못했다.

정당에 몸담기 이전부터 사회적 기업이나 협동조합에 관심이 많았던 나는 뜻이 맞는 이들과 의기투합하여 스타트업을 공동창업하며 인생 4막을 열어갔다.

그렇게 1년여의 시간이 흘러 장미대선을 맞았다.

기술 중심의 제조 스타트업에 종사하면서 실물경제와 신생 기업들의 현실적 고충과 애로사항을 구체적으로 체감할 수 있었다. 개별 기업의 노력과는 별개로 관련 제도의 개선과 입법 필요성이 절실해졌다.

그러던 중 마침 더불어민주당 문재인 대선후보가 좋은 의미에서 옛 창조한국당의 대선공약과 일맥상통하는 경제공약을 제시한 것을 목도하게 됐다. 사람중심의 경제 표방과 중소벤처기업부 신설이다.

내가 한 때 존경하고 좋아한 예전의 정치적 동지들이 안철수 후보를 지지하며 대통령 만들기에 주력하는 모습을 폄하하거나 과소평가하고 싶지 않다. 그들의 선택과 결정을 있는 그대로 존중한다.

하지만 나는 이번 대선에서 문재인을 선택했다. 문 후보의 경제공약이 안 후보의 그것보다 월등하다고 단언하지 않겠다. 문캠프는 중소기업의 사각지대인 스타트업 육성의지를 밝히며 내게 손을 내밀었다.

한 때 원내 제5당의 대표라는 정치이력을 감안하면 대선캠프 공동선대위원장이나 적어도 본부장급을 맡아야 하지만 일개 조직의 위원장을 수락한 것은 사실상 백의종군 하는 것이나 다름없는 결정이다.

내 자신을 과대평가 하려는 의도는 전혀 없다. 애초부터 감투 따위에 신경 쓰지 않았기 때문이다. '스타트업 육성위원회'의 출범을 통해서 스타트업 생태계의 역동성을 높이는데 기여하고 싶을 뿐이다.

반신반의 하면서도 문재인을 한번 믿어보려고 한다. 정치뿐만 아니라 누적되어온 사회경제적 적폐청산과 한반도 평화번영을 그에게 맡겨보되 두 눈 부릅뜨고 지켜보며 참여적 비판도 마다하지 않을 것이다.

주경야정!

낮에는 생업에 열심히 종사하고 밤에는 정치적 대안을 제시하는 생활정치인으로 살아보려고 한다. 정치도 비중 있는 취미처럼 할 수 있음을 증명하면서 말이다.

책장에서 빛바랜 그의 자서전을 들쳐본다.

'문재인의 운명'

과거가 아닌 그의 미래 운명에 나의 새로운 도전의 운명도 걸어보고자 한다.

2017년 5월 4일

시민운동가의 초심으로

"선생님, 저 왔어요. 공 간사예요."

뉴스를 보고 너무나 황망한 마음으로 달려갔던 그 곳, 중화상 환자들을 치료하는 병원은 난생 처음이었다.

2007년 4월, 한미FTA 폐기를 외치며 홀로 분신하신 허세욱 님의 중환자실을 찾았던 기억이 생생하다.

돌이켜보면 지금껏 내 인생에 큰 영향을 끼친 분들이 적어도 세 분 계신다. 20대 시절 시민운동가의 꿈을 꿀 수 있도록 영감을 불어넣어 주셨던 대학 은사님! 언행일치로 행동하는 지식인의 표상으로 각인되었다.

서른이 넘은 나이에 어렵게 시작한 시민운동가의 삶에 신선한 충격을 줬던 유한킴벌리 문국현 사장과의 만남. 그를 통해 사회적 경제, 윤리경영의 눈을 뜨게 됐고 머지않은 훗날 정치에 발을 들여놓게 된 계기가 되었다.

주위의 우려와 만류 속에 힘들게 뛰어든 시민운동가의 삶을 정리하는데 결정적인 영향을 주셨던 분이 바로 허세욱 님이셨다. 그의 분신과 희생 이후 세상을 바꾸는 다른 방법을 심각하게 고민하게 되었다.

윤리의식과 도전정신 그리고 세상을 바꾸기 위한 헌신, 그분들의 삶에서 배운 인생의 교훈이었다. 나름 그렇게 살려고 부단히 애를 썼던 것 같다.

가까운 분들이 한창 이렇게 말씀하곤 했다. 너 왜 그렇게 심각하냐? 세상 고민 혼자 다하지 마!

그런데 요즘 그런 말을 많이 못 듣는 것 같다. 아마도 내 영혼에 기름기가 많이 끼었나 보다. 그러다가 지난 19일 조영삼 님 분신 소식을 들었다. 그리고 하루 뒤 님이 숨을 거두셨다는 비보를 접한 후 10년 만에 다시 여의도 한강성심병원을 찾았다.

다시 이곳을 찾는 일이 없기를 그토록 바랐건만, 우리사회는 정권영합 공권력에 의한 사회적 타살이 자행되거나 아니면 전태일, 허세욱 그리고 조영삼 님에 이르기까지 죽음으로 세상에 메시지를 던지는 시대에 여전히 갇혀 있다는 자괴감을 떨칠 수 없었다.

다시 돌아가야 할까….

삼가 고인의 명복을 빌며 사드를 완전 철회하라!!

2017년 9월 22일

촛불이다, 광장이다

〈아침이슬〉

〈임을 위한 행진곡〉

〈함께 가자 우리 이 길을〉

우리 현대사의 고비마다 시대를 증언하는 곡들이자 시대를 초월하여 가슴 속에 살아있는 명곡들이다.

이처럼 우리 현대사의 주요한 순간마다 특정 계층의 전유물로써가 아니라 대중들에게 널리 공감되고 향유되어 온 노래들이 최근에도 나타나고 있다.

지난 2014년 세월호 참사 이후 작곡가 윤민석 님이 만든 〈잊지 않을게〉 역시 그런 맥락의 곡이었다.

가장 최근에도 그런 곡이 있어서 소개하고 싶다.

현재보다 미래가 더욱 기대되는 개념 음악인, 이소선 합창단의
임정현 지휘자님과 함께.

지난 10월 21일(토) 서울시청 다목적홀에서 열렸던 '2017
전국민주시민합창축전' 대미를 장식한 노래가 있다.

〈촛불이다, 광장이다 (이경식 작사, 이경아 작곡)〉 평화적인
촛불시민 혁명을 기념하는 곡이라고 한다.

아직 유튜브에 업로드 되어있지 않아서 좀 아쉽긴 하다. 가
사뿐만 아니라 선율도 들으면 들을수록 따라 부르고 싶은 중
독성 있는 곡이지만 표현할 방법이 없다. 이렇게 시대의 한 획
을 긋는 변곡점마다 예술과 음악으로 시대정신을 표현하는 창
작자들에게 감사한다.

나도 미력하지만 이번 축전에 참여하여 8도에서 모인 시민
합창단들과 함께 민주와 인권과 평화와 통일의 노래를 가슴

벅차게 불렀다. 이번 시민합창제가 앞으로도 지속적으로 개최되어 우리나라 시민합창의 저변이 확산되고 문화가 뿌리내리길 기원해 본다.

2017년 10월 25일

'국가에 대한 예의'라 굽쇼?

기대치를 최대한 낮춰서 극장에 갔다. 영화감독과 함께하는 시사회라서 더욱 그랬다. 혹시라도 작품이 기대치에 못 미쳐도 엔딩 이후 미소를 지을 수 있는 여유를 남겨놓고 싶었다. 그것이 감독에 대한 예의가 아닐까 생각했다.

작품을 감상하고 난 후 나의 첫 소감은 이랬다. 해시태그를 달아야겠다! 페친 여러분들은 잘 아실 것이다. 평소에 내가 그런 거 잘 안하고 산다는 것을.

이 작품에 대한 나의 한 줄 평이라고 할 수 있겠다.

영화 제목부터가 범상치 않았다. 〈국가에 대한 예의〉 제목만 보면 태극기 부대 어르신들도 반할만하다. 제목에서부터 도발적이라는 생각을 갖고 관람하면서 권경원 감독의 의도를 천천히 읽어 내려갔다.

영화의 시대적 배경은 1991년이었다. 우리나라 민주화 운동사에서 '4.19'. '5.18', '6.10' 등은 기록과 기억이 어느 정도 비례하지만 91년은 그러하지 못하다는 사견을 갖고 있었기에 작품의 한 장면이라도 놓치고 싶지 않은 간절함으로 관람하게 됐다.

주인공이 없는 영화는 존재할 수 없다. 그런데 감독은, 분명 주인공인데 주인공 같지 않게 주인공을 조명하며 영화에 등장하는 동시대 인물들과 비중에 있어서 결코 차등을 두려고 하지 않았다. 바로 한국판 드레퓌스 사건의 주인공 '강기훈'이다.

조금씩 바뀌고 있긴 하지만 가해자가 아닌 피해자의 이름으로 기억되는 사건들이 있다. 그 중에 하나! '91년 국가의 유서 대필 조작사건'으로 명명해야 옳은 강기훈 씨 재판이 영화의 전반을 흐르는 테마였다.

그러나 '변호인'같은 법정영화와는 거리가 멀었다. 드라마틱한 스릴이나 반전의 묘미도 찾기 힘들다. 하지만 권 감독은 감독들이 범하기 쉬운 주인공 영웅 만들기 유혹을 끝까지 버티며 이겨내고 말았다.

'강기타'라는 애칭을 가진 클래식 기타 연주자로서의 평범한 삶이 감독에게도 오롯이 스며들었나 보다.

아이히만의 '악의 평범성'은 무섭고도 위험하지만 강기훈의 '선의 비범성'은 악을 초라하게 만든다. 영화 내내 그의 기타 선율은 마치 무대 조명처럼 그 당시 초개처럼 산화해 갔지만 잊혀져가는 이들을 밝고 따스하게 비춰주는 역할을 묵묵히 해준다.

작년 이맘 때 '이게 나라냐' 라는 탄식이 쏟아졌다. 만연한 적폐에 나라가 풍전등화에 놓이기도 했다. 미래의 국가에 대한 예의가 시민들이 촛불을 들어서 어둠을 몰아내는 일이었다면, 현재의 국가에 대한 예의는 과거사를 바로잡아 미래를 밝히는 것이다.

"영혼을 팔아서라도 많은 사람들이 보게 하고 싶다."

권 감독의 그러한 간절한 바람이 꼭 이뤄질 수 있도록 눈 밝은 배급사와 개봉관들이 나타나길 기원한다. '국가에 대한 예의'를 극장에서 다시 보고 싶다.

꼭 꼭 꼭!

2017년 11월 28일

교회세습 안 돼요

나에겐 성직자 친구가 있다. 그 친구는 시골의 작은 교회 목사이다. 인품과 경력, 거기에 금상첨화라고 외모까지 준수한 친구지만 용감하게 대형교회를 선택하지 않았다.

그 교회는 장례를 한 번 치를 때마다 교인이 한 명씩 줄어들고 어린이와 청년을 찾아보기 힘든 교회이다. 젊은이가 희소하기 때문에 동네 대소사에 젊은 목사는 홍 반장이 되어 일인다역을 소화하는 그런 교회이다.

만약 목사가 꿈인 아들을 둔 부모라면 그런 교회에 아들을 보내고 싶은 부모는 거의 없을 것이다. 그런 교회에서 목회하는 아버지 역시 자기 아들을 작은 교회의 목사가 되길 바라긴 쉬운 일이 아니다.

명성교회 세습반대 기도회에 참여했다가 '뉴스 앤 조이' 기사에 우연히 실리게 되었다. 내가 다니는 높은뜻 광성교회 이장호 목사님의 설교 장면도 함께 실렸다.

성직자도 성직자이기 이전에 한 사람의 자연인이다. 이왕이면 조금 나은 환경과 조건에 마음이 기우는 게 인지상정이다. 그러나 그 자연적 속성이 괴물처럼 자신을 지배하지 않도록 하는 게 또한 성직자이다.

큰 교회든 작은 교회든 교회는 목사의 것이 아니다. 장로나 권사, 말발, 돈발 센 자들의 소유도 아니다. 교회는 하나(느)님의 것이다. 그것이 기초이다.

기본을 망각한 대형교회들이 나타나면서 교회가 영리화되는 증상 초기에 바로잡지 않은 결과, 오늘날의 명성교회 부자 세습이 너무나 천연덕스럽게 이뤄지고 말았다. 하지만 교회개혁의 불씨가 완전히 꺼진 것만은 아니다.

그들을 '죄인으로 규정'(정죄)하려는 의도는 없다. 다만 '불쌍히 여겨 동정'(긍휼)하는 마음은 있다. 우리나라 개신교회가 욕을 많이 먹고 있지만 그래도 안간힘을 쓰며 교회개혁에 나서는 사람들이 있다.

성경의 원리는 세상의 원리와 다른 점이 있다. 큰 자라고 반드시 작은 자를 이기는 것은 아니다. 어린아이와 같은 자가 신께 더 인정받기 좋다. 자기부인(Self Denial)을 해야 긍정함을 받는다.

명성교회가 성경의 원리로 되돌아오길 촉구한다! 작은 교회 성직자들처럼 마음이 가난해져야 한다! 철저한 회개와 더불어 교회세습은 철회돼야 한다!

2017년 12월 6일

1만 시간의 법칙과 평창 동계올림픽

 '1만 시간의 법칙'은 상식처럼 많이 알려져 있다. 노력의 중요성을 강조할 때 많이 인용되곤 한다. 최근엔 거기에 '어떻게(how)'가 결합하여 효율까지 높일 때 그 효과가 극대화된다고 알려져 있다.

 평창 겨울올림픽이 세계인의 축제로 멋지게 개막됐고 17일간의 열전에 돌입했다. 지도자들을 포함하여 올림픽 출전 선수들이라면 '1만 시간의 법칙'을 통과한 각 종목의 전문가들이다. 그것만으로 박수를 보낸다.

 우리 선수들 무엇보다도 다치지 않길 바란다. 페어플레이로 과정에서도 찬사를 받기 바란다.

은메달, 동메달 선수들도 활짝 웃음 짓길 바란다. 노메달 종목의 선수들도 절대 기죽지 말기 바란다.

사진은 집 근처 산에서 직접 촬영한 청딱따구리가 나무 쪼는 사진이다.

하루에 1만 2천 번 나무를 쪼아대는 딱따구리의 끈기와 집중력에 비교해도 전혀 손색이 없는 그대들 모두가 평화의 전령, 평창 올림픽의 주인공들이다.

코리아팀, 대한민국 선수들 파이팅!

2018년 2월 11일

꽃다발과 국민청원

아주 오랜만에 꽃다발을 다 받아보았다. 한 시민운동단체에 소액 후원을 해왔는데 그게 벌써 10년이 됐다며 그 단체에서 준비한 꽃다발이었다. 봄 향기 가득한 꽃다발 덕분에 봄을 일찍 마중할 수 있었다.

세월을 거슬러 올라가 보면 20대 초반부터, 심지어 군 복무 시절에도 사병 월급을 쪼개서 후원을 이어갔다. 내가 시민운동을 하기 전까지 지속했다. 현재는 바로 내가 몸담았던 단체를 후원하고 있다.

꽃다발을 들고 집에 오면서 이런 생각을 해봤다. 우리나라엔 NGO와 관련된 기념일이 있었던가? 잘 알려진 국경일 말고, 혹시 법정기념일은 없을까? 하고 찾아봤지만 역시 그런 유형의 날은 없었다.

생각의 실타래를 풀어가다가 최근 MeToo 운동과 관련하여 여성 관련 법정 기념일이 있는지 찾아봤지만 없었다. 오는 세계 여성의 날(3월 8일)을 앞두고 법정기념일로 제정된다는 반가운 뉴스는 있었다.

대한민국 임시정부 수립 기념일, 4·19 혁명 기념일, 충무공 탄신일, 6.10민주항쟁 기념일처럼 잘 알려진 법정기념일도 있지만, 향토 예비군의 날, 자전거의 날, 원자력 안전 및 진흥의 날처럼 생소한 날도 있다.

그래서 생각해 봤다.

법정기념일도 시대의 흐름에 맞춰서 변화가 필요하다! 향토예비군의 날은 '군인 인권의 날'로 질적 변화를, 탈핵 시대에 웬 원자력 진흥? MB정권 때, 폐기가 답!

이런 법정기념일을 새로 만들면 어떨까.

첫째, '촛불 시민의 날' 제정이다.

며칠 후(3월 10일)면 헌법재판소의 박근혜 탄핵심판 결정 1주년이 된다. 평화적인 촛불시민이 새로 쓴 민주주의 역사를 기념하는 날이 필요하지 않을까. 촛불을 처음 들었던 날이든 헌재 선고일이든 좋다.

둘째, '사회적 안전의 날' 제정이 필요하다.

다음 달이면 4.16 세월호 참사 4주년이 돌아온다. '방재의 날'이란 게 있지만, 자연재해에 국한되므로 인재로 인한 사회적 재난을 예방하고 안전사회를 위한 각종 시스템을 정비하는 취지에서 시급하지 않을까.

셋째, 'NGO(시민사회)의 날' 제정도 때가 됐다. 우리나라는 1989년 경실련의 출범으로 제3 섹터인 NGO(시민운동단체) 시대가 열렸다. 그로부터 한 세대 가까이 정치 및 경제 민주화에 기여해 온 활동을 기념하고 시민 참여를 장려하기 위함이다.

법정기념일로 제정되면 정부의 해당 주무기관이 주최가 되어 기념식 및 기념일 취지에 부합하는 각종 활동을 고취할 수 있는 전기가 마련된다.

내친김에 청와대 국민청원 게시판에도 이상의 세가지 법정기념일 제정을 청원하게 됐습니다.

ps : 실제 나는 2018년 3월 6일 청와대 국민청원 게시판에 '새로운 법정기념일 제정을 청원합니다' 라는 내용의 글을 올렸다.

2018년 3월 6일

MB와 나

　MB와 나.

　이게 무슨 귀신 씨나락 까먹는 소리냐고 할 수도 있을 것이다. 그가 2007년 17대 대통령 선거에 출마하는 것으로 내 인생도 달라지는 하나의 계기가 됐기 때문이다.

　정치적으로는 유능했지만, 신자유주의적 해법으로 사회·경제적 양극화를 초래한 김대중, 노무현 정부, 그에 대한 실망감으로 인하여 새로운 대안을 찾았던 국민에게 MB는 착시현상을 일으킨 주역이었다.

　대기업 사장 출신에다 기성세대의 성공 신화 브랜드를 선점하며 CEO 대통령론을 내세운 그에게 보수 세력뿐 아니라 중도(Swing voter)층의 민심도 요동쳤다.

　그의 성장만능주의 경제철학은 양극화 현상마저도 해결해

줄 수 있을 것으로 기대되는 분위기였다.

MB 대세론은 꺾일 줄 몰랐고, 그에 맞설만한 대안은 기성 정치권에서 보이지 않았다. 대선국면에서 경제가 가장 큰 이슈였지만, 당시 여권은 그들만의 리그에 안주하며 헛발질만 연신 해대고 있었다. 도저히 그를 이길 후보와 이슈 대응은 어려울 것 같았지만, 한 줄기 섬광 같은 빛이 나타났다.

문국현, 유한킴벌리 사장(CEO)이었다. 대기업 사장 출신이라는 점만 같았을 뿐이지, MB와 전혀 다른 삶을 살아온 대안이 출현했다.

갑 중의 갑, 재벌 대기업이 대한민국 경제생태계를 좌지우지하며 정글 자본주의 승자독식 시대를 구가한 시절에 '윤리경영', '기업의 사회적 책임' '대·중소기업 상생경영' 같은 경영철학을 실천해온 인물이었다.

목마른 사막 여행자에게 오아시스가 나타난 것이다. 눈 밝은 이들이 먼저 그의 진가를 알아봤고, 해보나 마나 했던 대선국면은 문국현의 진짜 경제 대 MB의 삽질 경제, 가짜 경제라는 대립으로 급변했다.

하지만 거기까지였다. 진보 기득권의 높은 벽. 그 당시 여권 대선후보뿐 아니라 여당 자체에 대한 지지도 낮았기 때문에, 새로운 대안 문국현을 여당에 수혈하는 방식으론 돌아선 민심을 회복하기에는 한계가 있었다. 이에 문국현 신당(창조한국당)이 창당됐지만, 낡은 정치 문법에 젖어있던 집권 여당은 철밥통 같은 기득권을 끝내 내려놓지 않았다.

그 후 정권을 뺏긴 쪽과 정권을 잡은 쪽, 양쪽에게서 미움을 받던 문국현은 이후 정치검찰과 법원에 의해 정치생명에 종지부를 찍게 되는 비극을 맞게 된다.

2007년 대선 당시, 후보 공약 블라인드 테스트에서 최고 평가를 받았던 문국현의 각종 경제정책들도 사장될 위기에 놓였다. MB의 독주는 지속됐고 그대로 주저앉아 있을 수만 없다고 생각했다.

무엇이라도 해야 한다는 절박감이 밀려왔다. 이름만 바꾼 4대강 (살리기)사업을 불도저처럼 밀어붙인 MB 정권에게 그저 가만히 있을 수 없었다.

토건 개발주의로 회귀하는 경제적 퇴행 현상 앞에서 문국현의 철학과 정책 대안들을 살리고 싶었다.

날로 퇴보하는 민주주의와 역주행하는 남북관계 등 과거 정권 지우기에 혈안이 된 MB 정권에 맞서서 작지만 매서운 짱돌이라도 던져야겠다는 심정으로 정치에 뛰어들게 된 것이다. 하지만 나는 다윗이 아니었다. 그처럼 준비가 되어있지 못했다. MB 정권 내내 몸부림쳤지만 그를 막지 못했다.

당명을 바꿔가며 색깔만 덧칠하는 정당들이 난무하는 속에서, 창당부터 해산까지 5년 동안 창조한국당의 이름을 고수하며 MB에 저항했던 시절을 살았다.

 그가 아무 일 없다는 듯 살아가는 세상은 지옥이다. 그로부터 잉태된 헬조선 사회가 박근혜를 거치는 9년 동안 심화하면서 적폐청산은 시대정신이 되었다. 많은 시민이 이때가 오기를 간절히 기다렸다.

 M(mega)

 B(burdens)

 구시대의 거대한 적폐였던 그를 영원히 보내야 한다.

 검찰과 법원은 MB를 당장 구속하라!

2018년 3월 15일

의혈(義血)

오늘은 4.19혁명 제58주년 되는 날이다. 내가 평소에 연고 (혈연,지연,학연)와 관련해서 얘기를 잘 하지 않지만, 오늘은 짧게 하고자 한다.

4.19 혁명 당시, 나의 모교에선 여섯 분의 선배님들이 운명을 달리 하셨다. 대학 가운데 두 번째로 많은 희생이었다.

중앙대학교의 교훈이 '의에 죽고 참에 살자' 민주화 역사와 교훈이 맞물려 있는 듯하다.

오늘 동문 카톡 그룹방에 한 선배님이 4.19 혁명 희생 모교 선배님들을 기리는 글을 한편 올리셨다. 가슴이 뭉클해서 나도 그 선배님께 드리는 답문을 써봤다.

그 당시 희생 된 학생, 시민을 함께 기리며

여기에 옮겨보고자 한다.

의혈!

선배님들!

그 후광으로

후배들 살아갑니다.

때로 추한꼴 나오지만,

본류는

크게!

바르게!

의와 참의 길로

선배님들 발자취 따라

못나든 잘나든

왔고 또 갑니다.

선배님들 영전에

삼가 경의 올립니다.

큰절

임○○(약학71) 올림

(답문)

임○○ 대선배님께

안녕하십니까.

새까만 후배, 공성경 인사 올립니다.

저는 91학번 입니다.

저는 4.19를 배웠습니다.

6.10은 멀리서 봤습니다.

5.18도 훗날 들었습니다.

민주의 역사를 몸으로 알지 못합니다.

91년 그 뜨거웠던 봄에도 짱돌은 되지만, 화염병은 과잉이라고 생각했던 서생이었습니다. 봄이 오지 않았는데 봄이 온 것처럼 착각하고 산 미련한 범생이었습니다.

돌판에 깊이 새겨진 '의'와 '참'이란 두 글자가 제 삶의 정신으로 뇌리에 새겨진 것은 상아탑을 떠나서 시민운동을 하겠다고 마음먹은 30대 시절이었습니다.

늦깎이도 이런 늦깎이가 없을 만큼 한참 늦은 나이였습니다. 친구들은 운동 은퇴할 무렵, '희생의 교대'라는 부채의식으로 소위 '개량주의' 시민운동을 하게 됐던 것입니다. 늦게 배운 도둑질, 밤 새는 줄 모른다는 식으로 참 열심히 살았습니다.

내일 모레면 지천명을 바라보지만, 걸어온 발자취는 주류의 삶과는 거리가 멀었던 것 같습니다. 선배님 말씀처럼 "못나든 잘나든 왔고 또 갑니다."

주류든 비주류든 앞으로의 제 삶도 의와 참에 뿌리 박고 살아가려고 합니다. 의혈 선배님들의 희생을 잊지 않으며 저 또한 누군가에게 한 줌 마중물 같은 존재가 된다면 여한이 없겠습니다.

4.19 혁명 58주년을 맞이하는 오늘, 여섯 분의 의혈 선배님들께 삼가 경의를 표합니다. 그리고 선산을 지키는 노송처럼 꿋꿋하게 그 자리를 지켜오신 임 선배님께도 존경의 마음 담아 드립니다.

큰절

공성경(행정91) 올림

2018년 4월 19일

열사 강경대

한반도 전역에 울려 퍼진 기쁘고 좋은 소식! 문재인 대통령과 김정은 위원장이 합의한 한반도의 평화와 번영, 통일을 위한 판문점 선언. 이 기쁜 소식을 오늘 꼭 전해주고 싶은 사람이 있었다.

그는 친구의 친구이다. 이제 내 친구도 된 경대, 강경대 열사이다. 저 세상 사람이지만, 그는 내 친구가 되었다.

1991년 스무 살 꽃다운 나이에 떠나간 친구!

노태우 정권의 백골단이 휘두른 무자비한 폭력에 의해 그해 4월 희생된 그는 다시 봄을 볼 수 없게 되었다. 권경원 감독이 영화로도 제작한 '1991, 봄'이 탄생하게 된 모티브가 된 인물 중 한 명이기도 하다.

강경대 열사는 4월 26일 숨을 거뒀다. 판문점 남북 정상회

담은 4월 27일 열렸다. 오늘(28) 경대가 잠들어 있는 곳을 찾아갔다.

이천 민주화운동기념공원이 바로 그곳이다. 친구의 영정과 묘소 앞에서 이렇게 말해줬다.

"친구가 꿈꾸던 민주화 된 나라, 평화와 통일의 한반도가 봄과 함께 성큼 다가왔네. 이제부터 나의 눈으로 자네가 꿈꾸던 세상, 보게 하겠네."

앞으로 있을 북미 정상회담의 성공을 기원한다.

2018년 4월 28일

폭염의 끝에 다시 거리에 서다

'미투 운동과 함께하는 시민행동'이 주관하는 사법행정 성차별 규탄집회에 오늘(25) 참여했다. A씨 1심 무죄판결이 불에 기름을 부은 격이 됐다.

참여 시민의 성비에서 공감과 연대의 비율이 보였다. 어림잡아 약 100여 명의 시민이 참여했다. 성비로 환산하면 8(여):1.5(남):0.5(성소수자)정도랄까. 우리사회 남성들의 공감능력의 현주소를 본 듯 했다.

태풍 변수, 주말 변수, 홍보 변수를 치더라도 어떻게 이처럼 남성 참가자의 비율이 저조할 수 있을까. 우리사회 최후의 기득권과 적폐는 다름 아닌 남성중심 마초 문화임을 부정할 수 없는 현실이 아팠다.

반헌법 적이고 부패한 정치인(권)을 향하던 그 촛불, 정경유착 슈퍼갑질 재벌경제 권력을 향하던 그 촛불, 유독 그 촛불은 미투 운동과 법앞의 성차별 판결에 무관심 하거나 소극적이지 않았는지 돌아봐야 한다.

시민발언에서 기억에 남는 표현이 있어서 인용한다.

"착한 년은 천국 가지만, 나쁜 년은 어디든 간다."

이 땅의 모든 여성이 굳이 나쁜 여자가 되지 않아도 성적 자기 결정권을 침해 받지 않고 살아 갈 수 있는 그런 사회를 촛불시민이 함께 만들어 가길 바란다.

p.s.) A씨가 진정으로 새로 태어나는 길은 자신에게 더욱 엄격한 잣대를 들이대어 2심 법원에 최대한 엄벌을 자청하는 것이다.

유죄보다 못한 무죄판결로 영원히 기억되는 역사의 패자로 남지 않길 진심으로 호소한다.

2018년 8월 25일

4.16생명안전공원 소풍

　소풍을 함께 가자는 초대를 받았다. 막상 가겠다고 응했지만 과연 '소풍'이 맞을까, 고개를 갸우뚱하지 않을 수 없었다. 하필 왜 소풍이라고 했을까….

　지난 토요일(30일) 아침부터 궂은 날씨 때문에 의무감 없는 소풍을 갈까 말까 망설이기도 했다. 곧 있으면 또 안산에 갈 텐데 하면서 슬슬 꾀도 났다.

　시민운동 시절과 그 이후에도 행사를 준비해본 경험이 있는 나로서는 몇 날 며칠씩 사전 준비를 하는 실무자들의 노고와 행사 전날까지 노심초사하는 그 심정을 헤아리기에 끝끝내 외면할 수 없었다.

　때마침 꽃샘추위가 절정에 이른 날씨 탓에 참가자들이 줄어들 것 같은 위기감도 한몫했다. '4.16생명안전공원 소풍' 안산으로 향했다.

안산 화랑유원지 외곽 한쪽의 간이 건물들을 모임 장소로 쓰고 있는 '4.16세월호참사가족협의회'. 오랜만에 만난 낯익은 (단원고)세월호 유가족 분들과 4.16재단 관계자들이 소풍객들을 맞이해줬다.

2학년 8반 준형이 아빠, 정훈 님의 여는 인사말에서 이번 행사가 왜 하필 '소풍'이란 이름으로 열리는지 짐작할 수 있었다.

별이 된 아이들과 함께 걷는 길. 너무 침울하지도 그렇다고 화려하지도 않은 동행! 그것이 소풍이었다. 다양한 (학문)분야의 연구자를 중심으로 첫 번째 열리는 소풍 행사는 생명과 안전을 염원하는 길(동선)을 걸으며 모색하는 시간이었다.

유가족 분들과 어울려 화랑유원지 한편에 들어설 예정인 (가)4.16생명안전공원 일대를 돌아보면서 그 공간이 어떻게 조성돼야 하는지 상상도 해봤다.

세월호 참사를 끈질기게 해상 교통사고라며 본질을 호도하는 (외부)세력과 안전공원 예정지를 납골당 운운하며 이웃의 고통과 슬픔을 외면한 채 제 집값 걱정만 하는 (내부)세력의 협공에 놓인 유가족의 현실.

별이 된 아이들을 저마다 가슴에 품고 걸으며 소풍 길에서 마주쳤던 먹구름보다 어두웠던 현재를 함께 밝혀줄 시민들의 관심과 연대를 촉구해 본다.

그날 걸으면서 내심으로 외쳤던 구호를 떠올리며….

희생자들 명예회복을 위한 철저한 진상조사 촉구한다!

4.16생명안전공원 조성, 정부와 안산시는 즉각 나서라!

생명보다 이윤, 안전보다 비용 우선 적폐문화 청산하라!

2019년 4월 1일

단 하루만이라도 주먹밥

 배은망덕한 불효자도 부모님 제사에 올 수 있다. 형제들이 반발할 수 있고 외면할 수도 있지만 오는 게 자식 된 도리다.

여전히 부모님 얼굴에 먹칠하고 사는 그 자식에게 어떤 형제는 거칠게, 어떤 형제는 점잖게 타이른다. 이제 좀 사는 게 달라져야 하지 않겠냐고 말이다.

그 다음이 중요하다. 지금까지 한 귀로 듣고 한 귀로 흘렸지만 부모님 사후 39년이나 됐으면 이제 철이 좀 들어야 한다.

제사를 마치고 다시 각자 자신의 집으로 돌아간다. 내년 40주기에는 사람다운 사람으로 거듭나서 나타나지 않으면 얼씬도 못 할 거라는 충고를 그 불효자식은 새겨들었을지 두고 보련다.

　우리 집은 오늘 주먹밥을 먹었다. 반찬 하나 없이 김 부스러기로 뭉쳐서 그렇게 잊지 않으려고 먹었다.

　5.18 광주민주화운동을!

2019년 5월 18일

부드러운 설득의 힘

그 사람을 가졌는가?

최근에 시외버스를 탔는데 매우 드문 경험을 했다. 버스가 국도를 따라 한참 가다가 갑자기 주유소에 들러서 5분 정도 주유를 하며 정차를 했다. 더운 날씨에 에어컨을 끈 채.

나를 비롯해서 이런 상황에 어리둥절한 승객들은 이런 경험이 매우 낯설었던지 수군댔다. 그런데 거기까지였다. 2~30대 젊은이들도 있었고 50대 이상 장년층도 보였지만 가만히들 있었다.

또 내가 나서야 하나?

나도 좀 가만히 잠자코 있은은데…. 하지만 이런 상황을 그대로 좌시하고 있다간 버스 기사는 앞으로도 이런 비정상적인 상황을 되풀이할 것 같아서 결국 나서게 됐다.

매우 짧은 시간이었지만 혹시나 이런 경우 관련 규정이 있는지 인터넷 검색을 했더니 있었다. 버스 기사에게 다가가서 조용한 어조로 말해줬다.

"긴급한 상황이 아니면 이런 경우는 노선이탈에 해당합니다. 과태료를 부과할 수 있는 상황임을 기사님께 알려드리고 싶어서 말씀드리는 겁니다. 만에 하나 주유 중 화재가 발생하거나, 혹서기나 혹한기에 시동을 끈 채 있다가 승객 가운데 몸에 이상이 생기는 사고가 발생하면 어떡하시겠요. 주유는 미리 하셔야죠. 운행 중 하시면 안 되죠."

말의 내용도 중요하지만 태도도 중요했다. 조곤조곤 전달했더니 기사분도 차분한 어조로 다음부터 안 그러겠다고 했다.

함석헌 선생님의 '그 사람을 가졌는가?'

이런 대목을 한 번쯤 들어봤을 것이다.

온 세상이 찬성하여도 '아니' 하고 가만히 머리 흔들 그 한 얼굴 생각에 알뜰한 유혹을 물리치게 되는 그 사람을 그대는 가졌는가?

민주화 운동을 넘어 산업 재해, 사회적 재난 등 인재로 인한 인명사고를 예방하고 방지하기 위해선 그 한 사람의 존재 그리고 그 사람과의 연대가 중요한 생활 민주주의가 축적돼야 할 것이다.

2019년 6월 6일

한·중 e스포츠 협력의 새로운 전환점

　우리나라를 종주국으로 하는 운동 경기를 꼽으라면 대표적으로 태권도가 있다. 여기에서 더 나아가 온라인상에서 벌어지는 e스포츠 역시 대한민국이 종주국이라는 사실은 새삼스러울 것도 없다.

　우리나라가 e스포츠 모국이자 종주국이라는 위상은 건재하지만, 관련 산업 발전 속도나 시장 규모면에서 중국의 위상은 우리의 상상을 초월하는 수준이다. 최근 중국에서도 '전국e스포츠협회연맹'이란 공식적인 e스포츠 단체가 출범해서 한국과 협력에 나섰다.

　지난주 26(수)일 중국 청도시 하이얼 그룹 본사 대회의실에서 e스포츠 관련 행사가 있었다. '한·중 e스포츠 전략발전 및 산업항목합작 계약식'에 나도 그 행사에 참여해서 계약식에

서명했다.

한·중 e스포츠 협력의 새로운 전환점이 되었다고 자부한다. 한국과 중국의 e스포츠 리더들은 단순히 산업경제적 측면의 협력에 국한하지 않고, 최근 대두되고 있는 게임중독, 게임이 용장애(Gaming disorder) 문제에 관해서도 공동으로 대응해 나가기로 협약했다.

한국과 중국의 여러 관계자들이 구슬땀을 흘리며 준비한 이번 행사를 계기로 두 나라의 차세대들에게 e스포츠를 통한 상호 교류 확대와 일자리 창출 기회를 만들 수 있게 되어서 크나큰 보람으로 생각한다.

이번 방중을 대비해서 간단한 중국어를 공부했다. 남들 같으면 틀에 박힌 회화책 중심으로 했겠지만 나는 중국어로 된 구구단 연습을 열심히 했다. 그게 중국어 발음과 성조 연습에

특효라고 해서다.

꽤 열심히 했다. 중국어가 어렵다는 선입견을 버리는데 도움을 줬다.

행사를 마치고 만찬장 테이블에서 서투른 중국어로 구구단 2단을 외웠더니 중국 측 인사들이 재미있다며 박장대소를 했다. 약간 서먹서먹했던 분위기도 바뀌면서 그 다음부턴 대화(통역을 통한)가 잘 풀렸다.

중국 속담에 이런 말이 있다고 한다.

"상상을 못 할 수는 있어도, 못 할 일은 없다."

2019년 7월 3일

함께 할게요, 세월호 유가족

만날 사람은 언젠가 만나게 된다.

작년 4.16세월호 참사 이후 수사권과 기소권이 보장된 세월호 특별법 제정이 절실히 요청됐던 무렵이었다. 그 당시 한 여름의 폭염 속에서 무려 46일간 광화문 광장에서 단식농성을 하셨던 분이 단원고 2학년 10반 유민이 아빠, 김영오 님이었다.

나도 그 당시 사흘이 멀다 하고 광화문 광장을 드나들었지만 유민 아빠가 계신 천막엔 한 번도 얼씬거리지 않았다. 하루에도 수많은 시민들과 학생들 그리고 정치인들을 비롯한 유명인사들의 지지방문이 있었기 때문에, 굳이 나까지 합세해서 지친 유민 아빠의 기운을 빼면 안 된다고 생각했기 때문이었다.

그러다보니 어제(4일) 내가 활동하고 있는 평화의 나무 합창단에서 유민 아빠를 모시고 간담회를 하는 자리에서 처음으로 서로 인사를 나누게 됐다. 남에게 폐 끼치기 싫어하는 두 사람이 드디어 만나서 인사하게 된 것이다.

　유민 아빠와 약 한 시간 반의 간담회를 진행했지만 그는 언제까지나 말하고, 호소하고 싶은 표정이었다. 어쩌면 밤이 새도록 자식 잃은 그 심정을 다 쏟아내도 모자란 건 당연한 것이겠지만 마무리를 해야 했다.

　그가 우리들과 국민에게 바란 것은 딱 세 가지였다.

　다시는 그와 같은 인재형 재난사고가 발생하지 않도록 철저한 진상규명, 책임자 처벌, 재발방지책을 마련해서 안전한 사회와 나라를 함께 만들어 가자는 바람이었다.

최근 읽었던 바둑의 조훈현 국수께서 쓰신 책에 이런 구절
이 있었다. "역사적으로 세상을 바꾼 사람들은 믿고 수용한
자들이 아닌 의심하고 질문하는 자들이다."

안전한 사회를 만들기 위해서 그동안 우리 지도에 없는 길
을 만들어온 유민 아빠와 세월호 유가족들, 이 분들과 안전한
나라로 나아가는 연대의 길을 함께 만들어가자는 힘찬 다짐을
끝으로 유민 아빠와의 간담회를 마쳤다.

마무리를 합창단답게 힘내시라고, 함께 하겠다는 뜻을 담아
서 '사랑합니다'라는 노래를 불러드렸다.

친구 여러분들께도 언젠가 들려주고 싶다.

2015년 8월 5일

박상표 수의사를 기리며

두 명의 수의사가 있다. 한 분은 연예인 못지않게 유명세를 누리다가 연구윤리 문제 등으로 불명예스럽게 퇴장한 반면, 다른 한 분은 국민의 건강권을 지키기 위해서 안락한 수의사의 길을 버리고 시민운동가의 길을 선택했다.

지난 2008년 미국발 광우병 파동으로 미국산 수입소에 관한 안전성 문제가 제기될 무렵, 관계 당국과 어용학자들을 상대로 각종 토론회에서 그들의 주장을 조목조목 반박하며 수입협상 반대에 적극적으로 나섰던 소신파 수의사가 있었다.

박상표(수의사)님이 지난 19일에 별세하셨다. 그는 누구처

럼 화려하지는 않았지만 과학자의 양심을 지킨 전문가적 활동
가였으며 활동가적 전문가였다.

'국민건강을 위한 수의사 연대' 정책국장이란 명함보다 참
여연대의 회원활동모임 '우리땅'의 답사모임 리더로서 그를
생생하게 기억하고 있다. 밀짚모자 하나 눌러쓰고 장난감 같
은 확성기 하나 둘러메고 우리도 모르는 우리땅 구석구석을
답사하면서 그 지역의 역사와 인물들에 얽힌 얘기를 구수하게
풀어내던 동네 아저씨 같았던 사람.

좋은 직장 버리고 어떻게 시민운동 하러 왔냐고 물으면서
괜스레 미안해하던 그의 표정이 선하다. 그랬던 그가 2006년
한미 FTA 4대 선결조건으로 미국산 쇠고기 수입이 거론될 때
위험성 문제를 제기하며 그 후 활동가의 길로 나섰을 때 참 잘
어울린다는 생각이 들었다.

버릴 수 있었다는 점에서 동질감도 느꼈다.

평소에는 수줍은 듯 말수도 적은 그였지만, 2008년 촛불문
화제 당시 연단에서 과학적 전문성을 가미한 대중연설로 촛불
시민들을 광우병 준전문가 수준으로 이론무장을 가능하게 해
준 대중과학자였다.

2008년 촛불을 추억하면서 빼놓을 수 없는 사람들. 여중생,
유모차 부대, 온라인 카페 등 촛불 대명사의 일원이었던 그를
이제 다시는 만날 수 없게 됐다.

여전히 촛불은 광장과 거리에서 불을 밝히고 있다. 그때와 다른 이슈, 다른 사연이지만 간절함은 같다. 다음엔 그를 추모하며 촛불을 들고 싶다.

많이 베풀고 가신 님이시여, 부디 편히 쉬소서.

2014년 1월 21일

People

Peace

Passion

politics

Pioneer

Chapter 4

Politics

퇴행하는 역사교육 국정교과서

나는 박근혜 정권의 중·고등 국사교과서 국정화 추진에 다음의 다섯 가지 이유로 반대하며 철회를 촉구한다.

첫째. 반시장주의적 결정이기 때문이다.

박근혜 정권은 출발부터 시장 우위적 재벌중심 정권이다. 기업을 위해서라면 규제란 규제는 모두 풀려고 발버둥치는 대기업 우선 정권임은 삼척동자도 다 아는 사실이다.

그렇게 시장논리를 중요시하는 정권이 국사교과서 만큼은 반기업적, 반시장적 논리로 밀어붙이고 있다. 현행 중·고교에서 채택한 국사교과서의 현실을 보자.

친일과 군사독재 역사를 미화하며 서술했던 출판사의 교과서가 시장에서 1%도 못 넘는 채택률을 보였다. 이것이 시장

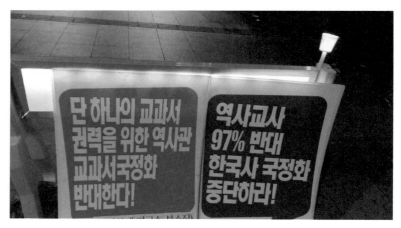

원리에 입각한 분명한 현실이다.

이미 교과서 시장에서 퇴출된 수구·퇴행적 교과서를 시장원리가 아닌 방법으로 되살리려고 하는 시도가 이번 국사교과서 국정화 추진의 본질인 것이다.

99.9%의 시장점유율을 기록하고 있는 현행 검인정 교과서를 폐기하고 권력의 힘으로 0.1%의 내용을 살리기 위해서 교과서 시장을 붕괴시키는 만행이다. 명백한 반시장주의적 폭거이며 반기업적 발상이다.

경제력 상위 1%가 지배하는 나라도 모자라서 이제 국민의 역사의식마저 0.1%가 지배하려는 시도가 이번 국정화 사태가 추구하는 최종 목표이다.

정작 시장주의의 실패로 인해서 구제해야 할, 또한 마땅히 패자부활을 시켜야 할 대상은 시장에서 퇴출된 0.1%의 수구

교과서적 내용이 아니라, 이 땅의 청년 미취업자들이며 해고 노동자들이다.

이러한 반시장주의적 논리에 입각한 국정화 방침은 반드시 시장의, 시민의 힘으로 철회되어야 한다.

둘째, 국민에 대한 약속 위반이기 때문이다.

박근혜 대통령은 주지하다시피 지난 대선 때 내세웠던 경제 민주화와 복지공약을 대통령에 당선되자마자 헌신짝처럼 내팽개쳤다. 국민에 대한 명백한 약속 위반이다.

누가 시켜서 한 것도 아니고 자신이 대통령이 되면 지키겠다고 국민에게 약속한 공약을 손바닥 뒤집듯이 뒤집어 버렸다. 그리고 아무 말도 없다.

국민에게 지키겠다고 약속한 공약은 지키지 않고 안 해도 된다고 말리는 국사교과서 국정화를 밀어붙이고 있는 것이다. 국사교과서의 국정화를 진정으로 원한다면 먼저 그동안 지키지 못한 경제민주화와 복지공약부터 지키고 나서 국민에게 요구해야 올바른 순서이다.

지금 박근혜 대통령이 시급히 추진해야 할 과제는 지난 대선에서 내세웠던 대선공약의 이행이다.

이미 대통령 임기 5년의 반환점을 지났다. 더 이상 지체할 시간이 없다. 빛의 속도로 추진해야 할 우선순위는 경제민주화와 복지공약의 실천이지, 국사교과서의 국정화 전환이 결코 아니다.

셋째. 과정과 절차 위반이기 때문이다.

백보를 양보해서 국민과 약속하지 않은 국사교과서의 국정화를 진정으로 원한다면 우선 국민의 의견을 낮고 겸허한 자세로 경청했어야 옳았다. 하지만 박 대통령은 결코 그렇게 하지 않았다. 국민을 철저히 무시했다. 특히 국민의 대표기관인 국회에서 충분한 토론과 공론화를 거쳐서 합의가 이뤄지도록 시간적 여유를 줬어야 했다. 그러한 과정과 절차도 생략한 체 새누리당은 들러리를 서고 길거리엔 국민을 우롱하는 현수막이 나부끼고 있다.

경제나 재정 등의 시급을 요하는 문제라면 헌법상 보장된 대통령의 긴급명령권을 발동할 수 있다. 하지만 이번 국정화 결정은 그렇게 시급한 사안이 아님에도 불구하고 사실상의 긴급명령이나 다름없이 속전속결 처리했다.

역사의 해석과 기록은 민주주의 국가에서 통조림 찍어내듯 획일적인 틀에 맞춰서 될 일이 결코 아니다. 그럼에도 불구하고 역사학계 전문가들 의견무시, 여론경시, 민주적 토론과 합의과정 말살 등의 결과물인 국사교과서 국정화 결정은 반드시 철회돼야 한다.

넷째. 미래의 희망, 청소년을 속일 수 없기 때문이다.

오늘 날 21세기 최첨단 세계화 시대에서 자신들의 조국이 IT선진국, 한류에 동반 한 문화강국이라는 자부심을 갖고 살아가는 이들이 청소년 세대이다. 이들 청소년들은 실시간으로 삼성이나 엘지 등의 스마트폰을 이용해서 인터넷 정보를 검색하며 정보의 진위여부를 때론 어른들보다 빨리 알아내서 전파·공유하곤 한다. 한 마디로 기성세대가 이들을 어설프게 속일 수 없다는 것은 자명한 사실이다.

지난 해 4월 16일 수백 명의 청소년들이 정부와 어른들의 무책임과 방관으로 인해서 차디찬 바다에 수장됐으며 침몰 후 구조 또한 전무했다. 그때 소수의 신문 및 방송 그리고 인터넷 언론을 제외한 대다수의 기성언론들이 축소와 왜곡 보도를 일삼았지만, 광화문 광장에서 마주친 청소년들은 세월호 참사의 실상과 진실을 정확히 파악하고자 노력하는 진지한 눈빛의 소유자들이었다.

세월호 참사와 메르스 사태에서 여실히 입증된 박근혜 정권의 무능과 무책임의 실상을 정확히 꿰뚫고 있는, 웬만한 어른보다 정보력에서 뒤지지 않는 이런 청소년들에게 의식의 획일화, 단선화를 주입시키려는 획책이 이번 국정화 강행이다.

이미 세월호 참사로 이 땅의 어른들에게 깊은 상처를 입은 청소년들이 국사교과서 국정화로 인해서 더 깊은 상처와 자존

감의 상실을 경험하지 않도록 해야 한다. 이보다 더 큰 국정화 반대의 명분과 대의가 없다.

다섯째. 시기적으로 잘못 됐기 때문이다.

국회가 국정감사를 마치고 예산국회로 향하고 있다. 국회선진화법에 입각해서 12월 초순까지 민생을 포함한 각종 내년도 국가예산을 심의하고 의결해야만 한다. 정치권의 무게중심이 여기에 쏠릴 시기이다.

그런데 박 대통령은 이런 사실을 뻔히 알고도 남으면서 국회를 정쟁의 소용돌이 속으로 밀어 넣고 말았다. 민생과 경제 살리기를 말하면서 국론과 국회를 분열시키고 있다. 국민통합을 저해시키는 사실상의 주범이다.

야당이 여기에 반발하여 예산국회에 전념하지 못한다면 국민적 비난을 고스란히 야당에게 돌리는 부수적 효과도 얻을 수 있으니 밑지지 않는 장사라고 여기나 보다.

또 다시 자신만이 경제와 민생을 최우선하는 지도자가 되는 것이고, 여의도 야당 정치인들은 정치공세나 일삼는 소모적 정쟁 유발자로 낙인찍으려 할 것이다. 너무 식상한 레퍼토리지만 반복적으로 행해져 왔다.

진정으로 박근혜 대통령이 중학교 역사교과서와 고등학교 국사교과서의 검인정 체제를 국정체제로 전환하고자 한다면,

연말이 가까워오는 예산국회 시점에 그러한 의제를 일방적으로 던져선 안 된다.

국민이 충분한 시간을 두고 심사숙고해서 선택할 수 있도록 내년 4월에 실시 될 국회의원총선거에서 여당인 새누리당의 총선공약으로 내걸어야 한다. 그래서 국민의 심판을 받도록 하는 것이 옳다.

일각에서 내년 총선이 진보 대 보수의 대결구도가 될 경우 진보에게 불리할 수도 있다는 전망도 있지만, 나는 이 땅에 여전히 국가의 현재와 장래를 염려하는 합리적이고 건전한 보수주의자들의 존재를 믿는다.

박 대통령은 연내에 국정화 강행의 꼼수를 부리지 말고 내년 총선에서 정정당당하게 국민에게 물어야 한다. 이상의 적어도 다섯 가지 이유에 입각해서 국사교과서의 일방적인 국정화 결정은 반드시 철회되어야 한다.

2015년 10월 15일

나는 아인슈타인파

당신 좌파야?

예전에 시민운동 할 때 그리고 이후 현실 정치에 몸담고 있을 때 간혹 듣던 질문이었다. 날도 더운데 뜬금없이 왜 이런 얘기를 하는지 많이 당황하셨어요?

거의 5년 만에 서울시청 광장과 인근에서 대규모 촛불이 일어나고 있다. 5년 전 광우병 파동 같은 생활이슈와 달리 대선, 국정원 같은 정치담론 중심의 정치문제가 촛불을 들게 된 원인 이라는 점에서 적어도 한 번쯤 제기될 필연적 질문이기 때문이다.

촛불이 거세질수록 '좌파'에 덧붙여 '종북'으로 낙인찍고자 하는 언론과 극단적 정치세력이 존재하기 마련이니까. 나는 그런 질문을 받으면 이렇게 되묻곤 했다.

대화를 원하는 질문이냐 아니면 끝내고 싶은 질문이냐고.

마치 서부영화의 총잡이처럼 쏜살같이 먼저 총을 꺼내서 상대를 한 방에 쓰러뜨릴 총알 같은 질문 아니냐고 말이다.

그래도 꼭 답변을 원하면 이렇게 답해 준다.

"나는 아인슈타인파입니다. 당신이 서 있는 위치에 따라서 나는 달라질 수 있으니까요."

대개의 경우 전자보다는 후자의 의도를 가지고 질문을 던지는 경우가 많았던 것 같다. 합리적인 이성적 대화를 전제하지 않은 그저 편 가르기를 위한 용도이며 상대방을 향한 일방적 공세 수단으로 악용되기 다반사다. 대화와 타협이 존재 이유인 정치권에서 조차도 소양이 덜 된 인사들의 주특기이기도 하다.

최근 국회의 국정원 국정조사에서도 역시나 여당 의원들의 좌파, 종북 타령은 식을 줄 몰랐다. 무슨 일만 터지면 자신들은 '만병통치약' 상대방은 '만병의 근원'이 되고 만다.

나무 가지에 붙은 병해충을 박멸하자는데 자꾸 나무 뿌리를 뽑는 게 아니냐며 손도 못 대게 한다. 그러다가 진짜 나무 뿌리까지 썩어서 결국 나무가 죽게 되면 병해충은 또 다른 나무를 찾아 떠나간다. 결국 숲이 병들게 된다.

쥐를 잡는데 흰 고양이, 검은 고양이 따로 없듯이 썩은 가지를 쳐내는데 왼손 도끼, 오른손 도끼가 따로 있을 수 없다. 촛불을 들고 나무를 살리겠다는 사람들에게 누군가 좌파라는 낙인을 찍으려고 할 때, 합리적인 우파 및 보수를 자처하는 분들이 나서줘야 한다. 이건 좌우파의 문제가 절대 아니다.

26년 전 국민의 피땀으로 일군 정치적 민주주의가 극심한 퇴행을 거듭하고 있다. 여기에서 바로잡지 못하면 정치도 경제도 사회도 민족의 앞날도 밝은 희망을 기약할 수 없다. 역사의 뒷걸음질을 막아야 한다.

5년 전의 눈에 보이는 먹을거리 보다 현재 눈에 보이지 않는 민주주의에 대한 위협이 피부에 와 닿지 않을 수도 있다. 하지만 중도성향의 시민들이 거리로 나오고 있다. 후손에게 부끄럽지 않은 나라를 물려주고 싶기 때문이다.

촛불은 오른손으로도, 왼손으로도 들 수 있다. 중요한 것은 어둠을 몰아내는 바른손, 옳은 손인 것이다. 누구의 편이 아닌 정치권을 쇄신하고 정치를 정상화시키기 위한 정치 소비자인 국민의 몫이자 주인 된 노릇이다.

2013년 8월 6일

버려진 가훈

　처음엔, 누군가 실수로 그랬겠지 하고 생각했다. 여긴 공동주택에 쓰레기를 모아두는 곳인데…. 그런데 하루가 지나고 이틀, 사흘이 지나가도 찾아가는 사람이 없는 걸로 봐서 버린 게 맞았다.

　성실(誠實).

　거의 누구나 글자를 배우기 전부터 부모님과 어른들로부터 귀로 먼저 익혔던, '정직'과 더불어 가장 많이 들었던 가르침 중 한 가지 아닐까.

　어느 가정의 가훈으로 거실이나 안방에 걸려있었을 액자가 쓰레기장에 버려져 있는 모습을 보고 적잖은 충격을 받았다. 개인과 가정 그리고 공동체의 근간을 이루는 핵심 가치 중 하나가 쓰레기로 전락한 현실 앞에 정말 가슴이 쓰리고 아팠다.

한 때 표구로 제작 할 만큼 정성과 애정이 들어갔던 어느 집 가훈이 이제는 수명을 다한 무가치한 존재로 버려질 수밖에 없었던 이유가 어디에 있었을까.

어쩌다 '성실'이란 가치는 유산으로 물려주고 싶지 않은, 가치 전승이 거부 된 삶의 방식으로 내몰리게 됐을까. 한평생 성실함으로 살아왔던 어느 집 가장의 비애이거나 아무리 노력해도 정규직으로 취업하기 힘든 어느 청년의 사회를 향한 큰 외침일 수도 있겠다는 추측을 해 본다.

정직과 성실이라는 플랜A보다 그와 반대되는 플랜B로 살아가는 사람들이 현실세계에서 승승장구 하는 모습을 지속적으로 보게 된 경우, 또는 삶의 방식을 그와 같이 전환하려고 모질게 마음먹은 사람이 아니라면 그렇게 하지 못했을 것이라는 생각에 이르자 씁쓸해졌다.

며칠 전 대통령은 4대 개혁 중에 노동개혁을 말하면서 그 방법론으로 '임금피크제'를 제시했다. 현재 지속되는 경기침체와 불황 등의 경제문제는 노동의 문제가 아니라 경제의 구조적인 문제, 즉 최근의 롯데 집안싸움으로 대표되는 재벌중심 경제체제의 한계에서 비롯됐다.

정년을 앞둔 기성세대와 청년세대 예비 노동자간의 샅바싸움으로 공을 떠넘겨선 안 된다. 진정한 해법은 재벌경제 시스템의 '불성실'을 바로잡아 상생이 가능한 건강한 경제생태계를 점차 만들어 나가는데 있다.

1,000만 자영업자 및 1,800만 노동자, 거기에도 포함되지 못한 사회적 약자 등 그 중 어느 한 가정에서도 또 다시 '성실' 이라 적힌 가훈이 쓰레기장에서 나뒹굴지 않도록 경제정책의 초점이 서민·중산층에 맞춰져야 할 것이다.

2015년 8월 9일

거산(巨山)은 있지만 거목(巨木)은 없다

YS, 김영삼 전 대통령의 정치적 후계자임을 내세우는 이들이 상주를 자처하고 있는 모습에 실소를 금할 수 없다. 정말 낯부끄러운 줄 모르는 한심한 자들이다.

서울대병원엔 고인의 빈소만 있는 게 아니다. 지난 14일 민중총궐기 집회에 참가했다가 공권력의 폭력에 의해서 사경을 헤매고 있는 농부 백남기 님도 같은 병원에 입원해 있다.

그들이 진정으로 YS의 정치적 적자라면 퇴보하고 있는 대한민국의 민주주의에 제동을 걸고자 거리에 나섰다가 경찰의 살인적인 진압에 의해서 생사의 기로에 서 있는 한 사람의 병실부터 찾는 게 기본이자 도리였다.

그들은 결코 YS의 정치적 아들도, 후계자도 못된다. 현재 이 땅의 비극은 DJ나 YS 같은 정치거목들에 접 붙어 그와 같은

거목으로 성장하고 있는 신진 정치인들이 거의 전무하다시피
하다.

발걸음이 서울대 장례식장이 아닌 시청광장 분향소로 향하
며 고인을 추모할 수밖에 없었던 이유였다.

YS의 호인 거산(巨山)까진 바라지도 않는다. 그저 거목(巨
木)같은 정치인 몇 사람만이라도 그의 민주화 의지를 받들어
나가길 소망한다.

2015년 11월 25일

용산 철거민 참사 7년이 지났지만

대한(大寒)이 소한(小寒)집에 놀러왔다 얼어 죽었다는 말도 있지만, 오늘 대한 추위는 제대로 이름값을 했다. 어제(20일)가 용산 철거민 참사가 발생한지 7년 째, 그 당시 참사 현장인 옛 남일당 공터에서 촛불교회가 주최하는 촛불예배가 있다는 소식에 갈등이 됐다.

이 추위에 그것도 저녁시간 공복에 칼바람을 맞으며 예배를 드려야 하는지를 망설이다가 발걸음을 향했다. 어느 고난의 현장을 가더라도 40대 중반인 나보다 연배가 많은 분들이 여전히 자리를 지키고 계셨다는 기억에 꾀를 부리고 싶은 마음을 다잡게 됐다.

예상보다 많은 분들이 참여했고 특히 20대로 보이는 청년들이 제법 눈에 띄어서 고맙고 감격스러웠다. 스펙 쌓기와 취업

준비로 여념이 없는 청춘으로만 알았는데, 최근 일본대사관 앞 소녀상 지킴이를 비롯해서 우리의 청년들이 정말 자랑스러웠다.

신영복 선생께서 평소 후학들에게 즐겨하신 "머리 좋은 것이 마음 좋은 것만 못하고, 마음 좋은 것이 손 좋은 것만 못하고, 손 좋은 것이 발 좋은 것만 못한 법."이라는 말씀을 체득하고 있는 청년들과의 만남은 기쁨 그 자체였다.

용산 철거민 참사 발생 당시 서울경찰청장이던 인사가 그 후로 영전을 거듭하다가 그것도 부족했는지 정치를 하겠다며 국회의원 예비후보로 등록하고 활보하는 세상, 사람이라면 염치가 있고 책임질 줄 알아야 하지만 권력의 내부자들에겐 그런 감각기관은 없나보다.

정의가 강물처럼 흐르는 세상을 만들고 싶어 하는 이들이 선택하는 도구가 정치라면 그런 자들이 이런 도구를 손에 쥐도록 보고만 있을 수 없다.

맹추위를 무릅쓰고 시대의 불의를 바로잡고자 나선 이들이 더불어 숲을 이뤄간다면 그와 같은 자들의 만용도 더 이상 이 땅에 발붙일 수 없을 것이다.

더불어 정의의 숲이 되어 또한 잊지 않을 것이다.

2016년 1월 22일

국회 필리버스터

잊지 않겠습니다!

다소 무뎌진 마음을 다잡기 위하여 오랜만에 홍대입구역 인근에서 세월호 피케팅을 했다. 9명의 미수습자가 하루 빨리 돌아올 수 있도록….

잊지 않겠습니다!

국민에게 잊지 않도록 지난 국정원의 불법 탈법, 권력남용 등의 실상을 가감 없이 들려주는 곳, 테러방지법의 부당성과 위험성을 전 국민에게 속속들이 전파하고 있는 국회로 향했다.

새누리당이 앞장서고 정의화 국회의장이 맞장구쳐서 형성

된 필리버스터 정국의 바로 그 현장으로.

이미 여러 야당 의원들이 진정성과 철저한 준비로 테러방지법의 부당성과 위험성을 지적했기 때문에 동어반복이나 장광설을 늘어놓진 않겠다.

약간 다른 관점에서 접근해 본다면 필리버스터가 소수당의 방패 같은 구실을 하는 게 맞지만, 여당인 새누리당 의원들 가운데 단 한명이라도 야당이 지적하고 주장해온 내용을 일목요연하게 반박하거나 감동 있게 찬성을 유도해내는 의원이 없다는 점이다. 쓸 만한 창(槍) 한 자루 없는 여당!

그뿐만 아니라, 설령 목이 달아난다고 하더라도 윗분 눈치 안 살피고 소신 있게 반대발언에 나서는 여당 초선이나 중진 의원들도 전무하다는 것이다. 부자 몸조심 하는 새누리당 국회의원들의 현주소라 하겠다.

필리버스터 정국이 만들어 놓은 민주주의 학습장, 국회가 다시 국민의 시선을 붙들고 있는 이때! 새정치든, 개혁이든 진검승부를 펼치는 계기가 되길 바라며 야권의 수권능력을 보여주길 기대한다.

민주화의 진전은 민주적 관료통제와 비례하는 것이다.

2016년 2월 27일

사업가가 바라본 6.15 공동선언

서 있는 곳이 바뀌면 풍경도 달라진다고 한다. 회사원, 시민
운동가, 정치권, 사업가의 능선까지 관점의 이동을 통한 관망
의 시야가 넓어지고 있다. 초보 사업가의 눈에 6.15는 과연 어
떻게 보일까?

오직 경제적 관점에서 바라본 6.15공동선언은 해법도 이런
해법이 없겠다는 발견의 연속이었다. 대기업이든 중소기업이
든 새로운 먹거리와 경제적 활로를 찾다보면 필연적으로 귀결
될 수밖에 없는!

최근 조선과 해운업이 직면한 침체 상황을 놓고 볼 때 바다
에서 처한 위기를 돌파할 대안으로, 육로를 통한 북한과 대륙
으로의 진출을 통해서 경제적 활로를 모색하는 방식의 대안이
이미 그 속에 내재돼 있었다.

우리 서해 앞 바다를 휘젓고 다니며 불법조업을 일삼는 중국어선 문제를 근본적으로 풀 수 있는 해법의 단초도 그 곳에서 찾을 수 있음을 부인할 수 없다. 애꿎은 어민들 벙어리 냉가슴 앓기도 해소할 수 있다.

요즘 대기오염의 주범으로 지목된 '미세먼지'문제 역시 등푸른 생선 섭취 결핍으로 밖에 보이지 않는 아둔한 진단이 아니라, 대륙과 한반도를 관통하는 천연가스의 육로 도입을 통해서 공해물질 유발요인을 줄일 수 있는 대안의 근원도 거기에서 출발한다고 볼 수 있다.

안팎으로 험난한 경제지형을 무리 없이 헤쳐갈 수 있는 우리경제의 4륜구동 엔진 앞 축이 6.15공동선언이라면, 바로 뒤축은 10.4 공동선언임을 사업가의 시각으로 거듭 확인하는 날들이다. 돌아가야 한다. 더 늦지 않게!

6.15없는 경제 재도약은 기대하기 어렵다.

2016년 6월 15일

소파(SOFA) 이대로 좋은가?

3~40년 된 친구들도 많지만 그 중 서로의 집에서 자고 갈 정도로 친한 친구는 손에 꼽을 정도이다. 그것도 총각 때까지는 어느 정도 가능했지만 결혼들을 하고 난 이후에는 거의 없었다.

결혼 이후의 친구 집에는 친구의 배우자와 자녀들이 살고 있기 때문에 방문도 신중하게 될 수밖에 없다. 무엇보다 친구 부인의 심기를 잘 살피지 않으면 눈치 없는 친구로 낙인찍힐 우려도 배제할 수 없다.

한반도 사드배치 결정을 보면서 그런 생각이 들었다. 과거 한미동맹 초창기 시절에는 군사안보 관련 사안에 대해서 우리 정부가 입법부인 국회의 감시와 견제를 거의 받지 않고 일방적인 독주를 하던 시절이 있었다.

하지만 우리사회가 과거와는 비교할 수 없이 민주화되고 시민의식이 높아진 현재에 이르러서도 그러한 행정부의 일방통행식 의사결정 행태가 변화하지 않았다면 그것은 분명 큰 문제임에 틀림없다. 미국도 마찬가지이다.

장성해서 결혼하여 가정을 이룬 유부남(녀)이 미혼시절 습관을 못 버리고 배우자의 동의도 구하지 않은 채 친구를 아무 때나 집에 불러들여서 그 친구 멋대로 집안을 활보하게 놔둔다면 그 집안은 정상이 아니다.

설령 친구가 괜찮다며 언제든 제집처럼 편하게 지내라고 했다손 치더라도 그 말을 곧이곧대로 따르는 그 친구도 문제가 있는 친구임에 분명하다. 미국이 그렇다. 어릴 적 친구가 아닌데 여전히 그렇게 대하니 말이다.

사드 사태로 SOFA(주한미군지위협정)를 돌아보게 된다. 한반도의 외교안보가 걸린 사드 배치 문제를 외교는 빼고 안보만 강조하여 결정한 박근혜 정부의 단견적 정책결정 능력도 문제지만, 은근슬쩍 모른 척 책임을 우리에게 떠넘기는 미국 행정부도 성숙하지 못하다.

한·미간 사드 배치 결정에 있어서 국회의 동의가 필요 없다며 호언장담하는 국방장관이 존재하는 나라, SOFA가 개정 되어야 할 이유는 그것만으로도 충분하다. 이런 외침이 혹시라도 어떻게 들릴지 의문이다. 국민을 개·돼지로 바라보는 관료의 나라에서….

2016년 7월 13일

대한민국 헌법 정신 부인하는 건국절

가난한 젊은 연인이 있었다. 너무 가난해서 결혼식도 올리지 못하고 살았다. 나중에 살림이 나아져 뒤늦은 결혼식을 올렸다. 이들 부부의 결혼기념일은 언제일까?

그들 부부 사이에서 태어난 아이들이 장성해서 부모님의 결혼기념일을 축하해 드리고 싶은 마음은 충분히 갸륵하다. 부모님은 자신들의 가난했던 젊은 그 시절의 결혼생활 시작 시점을 결혼기념일이라고 당당하게 생각하고 있었다.

하지만 자식들 중 일부는 생각이 달랐다. 남들에게 부부로서 인정도 못 받았던 부모님의 가난했던 젊은 시절이 아니라, 남들 앞에서 결혼식을 올린 훗날의 그 날을 결혼기념일이라며 부모님의 가난했던 젊은 시절을 애써 지우려 한다.

여러분이라면 어떻게 하겠는가?

　광복 71주년을 맞이한 2016년 8월 15일 오늘을 건국 68주년이라고 애써 강조하는 대통령 그리고 보수적 지식인과 언론인들에게 권유한다. 서울 국립현충원 임시정부요인 묘역 참배를. 그 곳 묘역 비문에 무엇이 어떻게 기록되었는지, 두 눈 똑바로 뜨고 머리와 가슴에 새기길 바란다.

2016년 8월 15일

공권력에 의한 타살, 백남기 농민

김주열 열사
박종철 열사
이한열 열사
......
무소불위 철권통치의 막을 내리게 했다.

주권의 위임을 받은 공권력이
주권의 원천인 국민을 죽였다.
사죄도, 반성도, 처벌도 없었다.
더 이상 공권력으로 인정할 수 없다.

이것이 진정한 비상시국이다!

민주주의를 외치는 자
민생회복을 말하는 자
평화공존을 원하는 자
불통정권에 맞서는 자
해법을, 대안을, 실천을, 행동을 보여줄 때다.

대통령은 석고대죄 하고 주권자의 처분을 기다리라.
지위 고하를 막론하고 관련 책임자를 엄중 처벌하라.
공권력에 대한 민주적 통제장치를 즉각 마련하라.

백남기 님의 공권력에 의한 타살을 잊지 않겠습니다.

2016년 9월 26일

비통한 세월호 1,000일

잊은 적 없다고 생각하며 살아왔지만 막상 천일이라니 믿기질 않았다. 2014. 4.16 세월호 참사가 발생한지 1,000일이 됐지만 달라진 게 없다.

998일째 되던 지난 7일(토) 광화문 광장에 섰다.

무엇이 이토록 그 날의 참사와 구조실패 원인규명을 가로막고 있는가를 이제 우리는 잘 알고 있다. 무능하면 공감능력이라도 뛰어나야 했지만 그는 무능력과 무공감이란 최악의 조합을 보여줬다.

그는 어느 세대와도 소통하고 공감하지 않았다. 영유아 보육료 지원이라는 대선공약을 파기했다. 청소년들의 역사의식을 멋대로 재단하려고 했다. 반값 등록금을 교묘한 숫자놀음으로 치환했다.

청년취업은 비정규직 일자리 증가로 이어졌다. 3~40대에게 빚내서 집 장만하라고 부채질 했다. 장년층 자영업자들의 골목상권 위기에 눈 감았다. 위안부 할머니들을 10억 엔으로 재갈 물리려 했다.

여기에 지역(사드배치)문제까지 합하면 점입가경이다. 박근혜 대통령의 공감능력 결핍이 초래한 가장 극적인 현상은 '416세월호참사 국민조사위원회' 발족에서 보인다. 정부가, 대통령이 하지 않으니 국민이 나선 것이다.

맹자는 군주의 덕목으로 측은지심을 강조했다. 만약 맹자의 지론대로 그가 평소에 국정을 수행했다면 세월호 참사 당일 숙소에서 그렇게 장시간(7시간) 동안 있을 수 없었을 것이다. 맨 발로 뛰쳐나왔을 것이다.

맹자는 측은지심과 함께 역성혁명도 설파했다. 극소수의 비선에게만 측은지심과 특혜를 베푼 그에게 시민은 저항권으로 맞섰고 결국 헌법재판소에 의해서 시민혁명의 효력이 완성될 그 날이 멀지 않았다.

다시 새로운 천일이 시작된다. 이번엔 완전히 다른 1,000일을 기원한다. 생명과 평화, 공감과 책임이 어우러진 그런 날들로써!

박근혜 정권에 맞서 분신한 정원 스님의 명복을 빕니다.

2017년 1월 10일

사드 알박기

기다려!

단호하게 NO를 할 수 없다면 차선이라도 해야 한다. 한반도에 영향을 미치려는 미국과 중국에게 말이다. 우리가 중심이 돼서 우리가 국익을 결정해야 한다. 그때까지 기다려 달라고 강력하게 주문해야 한다.

탄핵정국으로 어수선한 우리사회의 분위기를 틈타서 미국은 기습적으로 사드 알박기를 시도해선 안 된다. 중국 또한 주

요한 경제교역 국가인 우리나라에 대한 숨통 조르기식의 경제적 보복을 당장 중단해야 한다.

탄핵으로 인한 국정공백 상태에서 대통령 권한대행이 활개치고 다니는 상황을 수수방관하는 국회는 도대체 무엇하는 집단인가, 헌재 입만 쳐다보고 있을 것인가? 국민은 여야의 조율된 위기대응 능력을 보길 원한다.

각 정당의 대선 주자들도 지금 당장 대선관련 행보를 중단하고 사드배치에 관한 준비된 해법을 내놓으라. 자신들이 국장급 대선주자인지 여부가 드러날 것이다. 안보와 경제가 맞물린 이번 사안으로 옥석을 가리자.

북한도 한미 군사훈련을 빌미로 장거리 로켓 발사를 되풀이해선 안 된다. 세상 돌아가는 것 좀 보고 살라. 한반도 평화는 양 손뼉이 마주쳐야 소리가 나지 않나. 미국, 중국, 북한 그리고 우리 매파들 자중자애 하라.

봄은 오고 있는데 한반도의 봄은 언제쯤 올 것인가.

2017년 3월 7일

국민의 슬픔을 공감하고 치유하는 대통령

 내리는 비를 함께 맞아 달라고도 하지 않았다. 뭘 좀 더 잘해 달라고 손 벌리지도 않았다. 있는 그대로만 정직하게 봐 달라고 했다. 입 벌리는 시늉만이라도 해주길 바랐다. 국민통합, 그렇게 어려운 일이 아니었는데….

5.18 광주 민주화운동 37주년을 맞이한 오늘, 손에 손 맞잡고 부른 '임을 위한 행진곡' 제창으로 9년 만에 다시 원형으로 돌아갈 수 있었다.

문비어천가 부를 생각 추호도 없다. 양정철 전비서관을 비롯한 참여정부 주요 인사들의 백의종군 선언처럼 나 역시 떡

고물 생각이 없다.

오늘 기념식 지켜보며 흘린 눈물 표현하고 싶을 뿐!

2011년 5.18 광주 민주화운동 31주년 기념식. 그 때 기념식의 아쉬움이 끝내 잊히지 않아서.

이런 대통령 정말 갖고 싶었다. 추모사를 마치고 돌아서는 5.18둥이 37살 유가족을 향해 걸어가 그를 아빠처럼 따듯하게 안아 준 대통령, 5.18 민주화정신을 개정 헌법 전문에 넣으려는 대통령, 자신을 지지하지 않은 가수를 초청해 '상록수'를 함께 부른 대통령, 맑은 물에 큰 물고기 살 수 없다는 정치와 정치인에 대한 고정관념을 산산 조각낸 대통령, 정직과 진심으로 호소하고 동의를 구하는 대통령, 먼저 간 친구에게 부끄럽지 않은 대통령, 퇴임 후가 걱정되지 않는 대통령, 아이들이 닮고 싶은 대통령, 대통령다운 대통령!

그의 성공을 기원한다.

2017년 5월 18일

한일 위안부 합의 폐기해야

새해 들어서 좋은 소식들이 연일 나와서 참 좋았다. 남북 정상들이 평창 동계올림픽을 매개로 대화의 문을 연 것뿐 아니라, 후속 장관급 회담에서 가시적 성과를 내고 그 후를 기대하

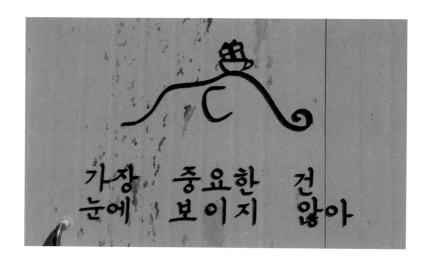

게 하는 여운까지 남겼으니 이보다 기쁠 수가 없다.

거기에 문 대통령은 새해 기자회견의 내용과 형식에서 국민에게 호감과 신뢰감까지 더해줬다. UAE 관련 의혹마저도 일부 보수언론과 자유한국당의 자책골로 귀결되면서 진중함은 더욱 빛이 났다.

어려운 한반도 정세에서 이 정도의 위기관리 능력과 국내문제를 원칙 있게 처리하는 유능한 면모까지 더해지니, 문재인 정부 비판하기는 JTBC 팩트체크팀 정도의 철저함이 아니면 본전도 못 건지는 혼수성태가 되기에 십상이다. 그래서 참 조심스럽다.

2015년 말 한일 위안부 관련 합의에 관해서 정부가 9일 입장을 발표했고 문대통령도 10일 기자회견에서 강 외교장관의 발언과 맥을 같이하는 얘기를 했다.

합의는 잘못된 것이지만, "파기나 재협상은 없다"라고!

지난 이명박근혜 정부 10년 동안 쌓이고 쌓인 적폐들, 그중에서도 외교 관련 사안들은 앞서 든 UAE 사례처럼 양국 간 합의 이상의 복합적이고 다양한 이해관계가 중첩돼 있어서 일방적인 파기나 재협상보다 운용의 묘를 발휘하여 협상의 흠결을 보완할 수도 있다.

하지만 지난 한일 위안부 합의는 과연 파기나 재협상 없이 운용의 묘를 통해서 그 중대한 흠결을 치유하고 그것에 버금가는 효과를 거둘 수 있을지 의문이다. 외교에서 차선이나 차악의 불가피성을 고려하더라도….

　정부보다 외교보다 큰 것이 있기 때문이다. 그것은 민족의 정체성이자 국민의 자긍심이다. 국민소득 3만 불 시대를 앞두고 진정으로 결핍된 것은 부족한 숫자 얼마가 아니라 국가의 품격인 것이다.

　가해자가 존재하고 그 가해자가 사죄도 반성도 없는 국가라면 그 국가를 상대로 좌고우면하는 정부는 지난 10년의 못난 보수 정권만으로 충분하다. 국가의 존재 이유를 외교에서도 보여줘야 한다.

　문재인 대통령은 지금까지 잘해왔다. 그렇지만 한 발만 더 뻗으시기 바란다. 당신이 살아온 백척간두 진일보의 인생처럼. 북핵 문제 해법에서 지렛대 하나 없으면 어떤가.

　한일 위안부 합의는 파기돼야 한다.

2018년 1월 11일

이재명을 탄원한다

두고두고 생각해봐도 이건 아니다. 법원이 선출직 공직자에 관한 사법적 심판을 할 때 철저하게 고려해야 할 요소가 있다. 그것은 바로 '비례의 원칙'이다.

1심 법원에서 무죄였던 부분이 2심에서 당선 무효형에 해당하는 유죄가 되려면 그만큼 범죄 성립의 인과관계가 밀접하고 명확해야 한다. 반증이 성립되지 않을 만큼! 이것이 바로 비례의 원칙의 핵심적 내용인 것이다.

유무죄의 판단뿐 아니라 양형에 있어서도 국민의 법감정과 용인 수준을 넘어선 안 된다. 철두철미하게 비례의 원칙을 준수해야 할 이유이다.

하지만 2심 법원은 말장난 같은 법 해석과 사실관계 판단으로 얼마든지 반론이 가능한 논리 비약과 법리 빈약의 선고를

하고야 말았다.

대법원에서 이것을 바로 잡아주길 기대한다.

공직선거법은 선관위의 유권해석과 법원의 판례를 통해서만 입법 취지에 부합한 법조문의 생명력을 갖게 된다. 미래의 예비 정치인들에게 이정표요, 나침반 같은 공선법이 되기 위해서는 비례의 원칙을 금과옥조처럼 적용하고 해석하는 법원이 돼야 한다.

생명에는 자연적 생명, 사회적 생명 그리고 정치적 생명이 존재하는 게 엄연한 현실이다. 사법적 심판을 통해서 그런 생명의 박탈을 결정할 땐 반드시 오류의 가능성도 열어둬야 하며 그만큼 유무죄 판단과 양형에 신중에 신중을 기해야 한다.

그런데 2심 재판부는 무오류를 전제하듯 과감하게 이재명 지사에게 유죄를 선고하고 과중한 양형을 결정했다. 비례의 원칙을 심사숙고한 흔적을 전혀 찾아 볼 수가 없었다. 너무 쉽게 판단했다.

선거의 당락에 상당한 영향을 미칠 만큼 중대한 사안에 관한 최종적 판단은 주권자인 도민의 정치적 판단의 영역이지 사법적 심사의 대상이 아니다.

법원은 최대한 엄격하고 협소하게 접근하고 판단해야 사법적 권한 남용과 월권에서 자유로울 수 있다. 사법부의 최후 보루인 대법원에서 이런 점들을 잘 살펴서 경기도민의 민의가 왜곡되지 않도록 현명한 결정을 내리길 간절히 바란다.

2019년 9월 26일

좋은 정부, 나쁜 정부

존경하는 은사님이 쓰신 책이 생각난다. 「좋은 정부, 나쁜 정부」 정치행정학도라면 필독서라고 할 수 있는 명저이다. 시민적 교양을 함양하기에도 좋은 대중저서이기도 하다.

저서의 몇 군데만 요약하면 이렇다.

좋은 정부는

1)다수의 중산층에 기반한 정부.

2)공익을 실현하는 정부.

3)역할과 권력이 명확한 정부.

4)구성원 모두가 책임과 권리를 행사하는 정부.

5)정치적·사회적 상호의존성에 기반한 정부.

6)권력의 분산과 견제가 가능한 정부.

7)사회변화에 능동적으로 대처할 수 있는 정부.

기억 하겠습니다 행동 하겠습니다 철저한 진상규명!

追 4·16세월호참사 희생자 정부 합동 영결·추도식 悼

8)사회자본(Social Capital)에 입각한 리더십의 정부.

나쁜 정부는

1)다양성을 죽이는 정부.

2)힘없는 정부.

3)견제 장치 없는 정부.

4)불평등을 조장하는 정부.

5)유일 이데올로기를 신봉하는 정부.

6)권력화한 관료제 정부.

7)획일적인 정부.

8)소통 불능의 정부

어제는 세월호 참사 4주기였다. 참사 이후 4년 만에 정부 주관 합동영결·추도식이 안산 화랑유원지에서 이낙연 국무총리를 필두로 정부 인사, 정치권, 시민(종교)사회, 무엇보다도 세월호 참사 희생 유족들의 참석 가운데 거행되었다.

좌석을 빼곡하게 채운 시민들도 무려 3시간 동안 미동도 하지 않고 그 자리에서 유족의 마음으로 함께 했다. 나라다운 나라의 모습이었다.

그 때 이런 생각이 불현 듯 스쳤다.

가장 좋은 정부는…?

국민이 마음을 여는 정부구나!

국민에게 신뢰받는 정부구나!

국민과 혼연일체가 되는 정권이구나!

세월호 참사의 철저한 진상규명을 통한 안전사회 실현.

문재인 정권에서 반드시 이뤄질 것으로 기대한다!

2018년 4월 17일

바람에 스친 잎새

내리쬐는 중복의 뙤약볕 아래 길게 줄지어 선 추모객들은 굳이 양산을 펼치지 않았다. 간혹 노약자 몇 분을 제외하곤….

고인에 대한 분향과 헌화 차례를 기다리는 동안, 비 오듯 구슬땀이 흘렀다. 님이 노동운동 시절 용접공으로 흘리던 그 땀 방울에 비할 순 없겠지만 땀으로 시작한 님의 사회적 삶을 떠올리며 추모객들과 함께 땀으로 님을 배웅했다.

자유인으로 문화인으로 그리고 평화인으로 한 평생 살다간 사람다운 사람 노회찬!

영원히 자유롭고 평화로우소서.

2018년 7월 27일

벤처 병아리 스타트업 달걀

스타트업(START-UP)과 지방선거! 과연 연관성이 있을까, 없을까? 있다면 얼마나 있을까?

스타트업은 기술과 아이디어를 기반으로 창업 세계에 뛰어든 신생 벤처기업이다. 벤처기업이 병아리라면 스타트업은 달걀에 해당한다. 내가 만나는 분들마다 이런 비유를 들었더니 이해하기 쉽다고 했다.

우리나라 중소기업은 기업전체의 98%, 고용의 88%를 차지하고 있다. 대기업의 고용 여력은 이미 한계에 도달했고, 고용 없는 저성장 시대는 일상이 됐다.

이번 지방선거에서 '평화가 경제다'라는 선거 구호가 나온 것도 그와 같은 경제 및 산업 환경과 무관하지 않다. 맥을 잘 짚은 것이다. 하지만 그와 같은 구호는 중앙정부 차원이지 지

자체 수준은 아니다.

　지자체가 할 수 있는 고용 없는 시대의 돌파구는 지역에 친화적인 스타트업의 발굴과 육성에 있다고 나는 확신한다. 이번 6.13 지방선거 출마자 가운데 어느 후보가 스타트업 정책과 마인드가 확고할까?

　나는 단언하건대 서울시장 후보로 출마한 민주당 박원순 후보가 가장 적합한 후보라고 판단했다. 그는 이미 1~2기 시장 임기 동안 서울 여러 권역에 스타트업 인큐베이팅(보육) 공간을 마련하였다.

　사람과 돈이 몰려있는 수도 서울에서 청년 실업문제, 중년 및 은퇴자들의 재취업과 창업문제는 중앙정부의 정책도 중요하지만, 단체장의 비전과 의지도 매우 중요한 요인이다. 박 후보는 이미 초석을 놓았다. 스타트업 공약의 구체성과 실현가능성이란 점에서도 박 후보는 공약 이행 기간과 달성 기간을 명시해서 빌 공(空)자 공약이 아닌 시민과의 약속이행을 못박아서 중단 없는 정책의 계속성을 담보했다.

나는 작년 19대 대선 때도 민주당 문재인 대선후보 캠프에서 '스타트업 육성위원회'를 함께 조직하고 비록 짧았지만 지지활동을 했던 경험이 있다. 그런 활동을 경험 삼아 중앙정부뿐 아니라 지자체 차원의 스타트업 관련 정책을 모색해 오던 중, 이번 지방선거에 다시 서울시장으로 출마한 박원순 후보 캠프에서 스타트업 특위 위원장 제안을 받았다.

박원순 후보라면 단순히 일회성 선거용으로 만들어서 쓰다 버리는 그런 특별위원회를 조직하는 정치인은 아니라는 신뢰를 가지고 있었기에 수락했다. 일명 '스타트업 발굴육성특별위원회'이다.

나는 비록 서울시장 후보 캠프의 스타트업 특위를 맡았지만 서울시만 바라보는 스타트업 정책이 아니라, 수도권의 기초자치단체와 비수도권 지자체와 상생하는 광역적 차원의 협업을 실현하고 싶은 꿈도 있다.

스타트업을 달걀에 비유했듯이 스타트업 기업이 기업 생태계에서 독자적인 생존력을 갖출 수 있도록 부화장 관리인처럼 충실히 역할을 해나가겠다.

원조 스타트업 개척자, 박원순 서울시장과 함께!

2018년 6월 9일

두 종류의 사다리

두 종류의 사다리가 있다. 위로 올라가는 사회적 사다리와 생존을 위한 절규의 사다리! 신분 상승을 위한 사다리는 기득권에 의해서 걷어 치워지고, 살고자 오르는 사다리는 퇴로를 막기 위해 스스로 치워진다.

해가 바뀌어도 저 평택의 쌍용자동차 송전탑과 서울 강남의 아파트촌 굴뚝에선 더 많이 벌기 위해서가 아니라 인간다운 삶을 살기 위해서 단지 일하게 해달라는 혹한속의 몸부림이 있다.

며칠 전 연말 평택에 다녀온 후 작은 생활의 변화가 있었다. 집에서 저녁에 바닥에 깔고 자던 전기장판의 스위치를 끄고

잠을 자기 시작했다. 내가 누운 쪽의 전기만….

군이 이러한 내용을 공유하는 이유는 우리 각자가 생활에서 절약할 수 있는 부분을 모아서 사다리 위에 올라간 이들에게 도움을 주길 바라기 때문이다. 비록 적은 금액이라도.

"누가 올라가라고 했느냐"면서 바람막이용 비닐을 굴뚝위로 올리지 못하게 한 비정한 공무집행에 대해서도 할 말은 있지만 아끼겠다. 말해야 할 사람은 이미 국민이 뽑았기 때문이다.

내려가기 쉬워도 올라가기 어려운 사다리가 존재하는 사회. 올라가기 쉬워도 내려오기 어려운 사다리가 엄존하는 사회. 이 같은 모순의 사다리에 매달린 사람들이 늘어가고 있다.

그나마 전자의 사다리에 매달린 사람은 후자와 반드시 연대해야 한다. 그렇지 않고 이들을 외면하는 순간 그들 자신도 언제든지 후자의 사다리로 순간이동이 이뤄질 수 있기 때문이다.

2013년 그리고 앞으로 쭉~~

함께 살아가야 한다!

용산, 쌍용, 강정 그리고 사다리 위에 올라선 이웃들과 함께.

2013년 1월 2일

작년 12월 29일 '쌍용차 희망지킴이 송년음악회'에 갔을 때 판화작가 이윤엽 님의 재능기부로 만들어진 판화작품을 사왔다. 판매금액이 쌍용차 해고노동자 기금으로 전달된다고 한다.

우리들의 어머니 이소선 여사

어머니는 여름에서 가을로 접어드는 문턱에서, 아들은 가을에서 겨울로 접어드는 문턱에서, 그렇게 계절의 길목에서 유명을 달리했다.

가시는 계절조차도 남은 사람들 고단하지 않게 땅 파는 노동자들 구슬 땀 흘리지 않게 그렇게 아끼고 사랑하며 떠나셨다.

9월 3일은 이소선 어머니의 1주기였다. 아들은 죽음으로 현대사의 새 페이지를 열었고, 어머니는 남은 삶으로 그 현대사를 이어가셨다.

현재를 살아가는 우리는 그 두 모자가 열고 써 내려간 역사에 꼭 갚아야 하는 빚을 안고 있다. 그 빚은 '함께 살 때' 갚아질 수 있는 부채이다.

통합이 시대정신이라고들 한다. 어떤 이는 그것도 모자라 대통합을 말한다. 대통합을 실천한다며 발걸음을 이리저리 옮기고 있다.

진정한 통합의 정신은 함께 살고자 하는 의지가 있을 때, 함께 살기 위해서 반칙과 특권을 청산할 수 있을 때, 영화 '밀양'에서처럼 용서 받기 전에 먼저 자신을 용서하는 것이 아니라 용서받을 사람에게 진심으로 사죄하고 용서를 구할 때, 비로소 실현 가능한 것이다.

그런 면에서 이소선 어머니는 진정한 통합의 상징이시다. 그는 기독교 권사였지만 진정으로 사랑과 관용의 정신을 실천함으로써 차별하거나 편향되지 않았다.

'노동자의 어머니'라는 애칭에도 불구하고 노사 상생의 의

지를 보여준 기업인에게도 '어머니'로서의 모습을 잃지 않으셨다. 그렇게까지 보듬고 아울러서 함께 살고자 하는 이 시대 모든 이들의 '어머니'가 돼주셨다.

어머니의 1주기 추도식을 마치면서 더욱 간절해졌다. 전태일, 이소선 그리고 쌍용 자동차 해고 노동자들을 가슴에 품을 수 있는 따뜻한 사람, 노동과 자본의 상생과 경제 양극화를 넘어선 사회통합을 이룰 수 있는 경륜 있는 사람, 이 모든 것을 상식에서 벗어나지 않는 원칙과 물 흐르듯이 추진할 수 있는 실력 있는 사람!

100 여일 앞둔 대선에서 보고 싶은 희망이다.

2012년 9월 4일

요원한 장애인 이동권

벼는 익을수록 고개를 숙이지만, 나는 마을버스를 탈 때마다 고개를 숙인다.

마을버스가 운행된 지 20년을 넘어가고 있지만 서울시내 마을버스를 이용하면서 느끼는 나의 공통된 체험이다. 반면에 간선, 지선, 광역버스를 탈 때는 넉넉한 실내 높이로 인해서 나만의 애로사항(?)은 거의 없다.

장애인들의 이동권이 사회적으로 중요한 인권의 한 요소로 부상되고 있다. 중앙정부와 지자체가 그러한 사회적 수요에 부응하기 위한 노력을 하고 있는 것으로 알고 있지만 여전히 만족할만한 수준의 사회서비스가 제공되지 못하고 있다.

비용과 효율이라는 잣대가 여전히 위세를 부리고 있기에 비장애인과 장애인간의 이동권에 현저한 격차가 발생하고 있는 것이 우리의 현실이다.

우리나라가 올해 '20-50' 클럽에 들었다는 일부 언론보도가 있었다. 1인당 국민소득 2만 불, 인구 5천만 명에 도달하여 지난 96년 OECD(경제협력개발기구)회원국에 가입한 이후 명실상부한 선진국 반열에 진입했다는 것이다.

한편으로 수치상의 착시효과에 흐뭇하기도 했지만, 사회적 약자와 소수에 대한 우리사회의 인식과 더불어 살기 수준도 선진국 수준일까 되짚어 봤다.

마을버스 이용하면서 이런 사소한 불편에도 마음이 편치 않은데 하물며 이동권에 심각한 제약이 일상적으로 반복되는 장애인의 처지는 어떠할까? 고개 숙인 채 마을버스에서 인생을 배운다.

2012년 8월 30일

송곳 대장

송곳 대장.
누구보다 뾰족했지만
따듯함도 뒤지지 않았던 사람.
노 무 현.

노 대통령 서거 10주기를 맞이하며
애도와 추모의 마음을 벼리고 벼려서,
작은 송곳의 삶이라도 살고자 한다.
사람 사는 세상, 절대 포기할 수 없다.

2019년 5월 22일

동행의 아이콘 이희호 여사

나란하다!

이희호 여사님과 김대중 대통령님 이 두 분을 떠올리면 연상되는 이미 지다.

한 사람 정치인의 아내이자 동지 였던 이 여사님이 자서전 『동행』 을 출판하셨다는 소식을 접했을 때 망설임 없이 사서 읽고 아내에게도 일독을 권했다.

책 표지 사진이 가장 영광스러웠던 영부인 시절의 사진이 아니라, 전두환 정권의 압제 아래 미국으로 정치적 망명을 해 서 살던 자연인 시절의 사진이었다.

과연 이 여사님답다는 생각이 들었다. 망명객으로 지내면서도 미소를 잃지 않았던 그때를 잊지 않고 살았기에, 훗날 국민의 정부가 탄생할 수 있는 자양분이 됐지 않았을까 하는 상상도 해본다.

동행이란 즐거울 때보다 힘들 때 더 귀한 법이니까.

여사님.

이제 하늘나라에서 김 대통령님과 인연이 있는 모든 분들과 나란히 손 붙잡고 영원한 평화의 동행 이어가시길 두 손 모아 기원합니다.

존경하고 사랑합니다!

2019년 6월 11일

평화와 통합의 리더십을 찾아서

젊은이가 안 보였다. 청년도 안 보이고 유모차도 안 보였다. 오늘 서울 국립현충원에선 그랬다는 얘기다. 그것도 김대중 대통령 서거 10주기 추도식 풍경이 그랬다.

광주와 일산에선 아마도 달랐을 것이라고 추측한다. 물리적으로나 심리적으로 개방된 공간과 상대적으로 덜한 공간은 추모의 풍경에도 영향을 미쳤을 것이다.

내 눈엔 이런 풍경이 가장 크게 와 닿았다.

김 대통령님 서거 10주기를 맞이하여 상투적인 추도사를 써내려갈 생각이 사라진 이유이다. 그곳에서 젊은이들, 청년들, 자라나는 청소년들을, 아이들의 손을 잡은 젊은 부부들을 보고 싶었다.

그들의 탓이 아니다. 그들에게 자리를 비워주지 않고 공간을 열지 않은 기성세대의 무감각 탓이다. 알뜰하게 지인들의 자리를 맡아두는 타인에 대한 무심함도 여전했다.

전직 대통령에 대한 공식적이고 정형화된 추도의 형식을 없애야 한다고 주장하는 것이 아니다. 공식이란 타이틀의 단단한 껍질과 협소한 범위를 깨뜨리고 넓혀나갈 필요가 있다는 얘기다.

만약 김 대통령님이 오늘 추도식을 하늘에서 보시고 한 말씀하셨다면 이렇게 표현하지 않았을까?

"국회의장도 오시고 각 당 대표들과 여러 정치인들 와줘서 고맙습니다. 그런데 평생 민주주의자였던 내가 하늘처럼 모셨

던 국민의 자리는 턱없이 부족하네요."

이런 말씀도 아마 덧붙였을 것이라고 생각한다.

"내가 여러분들에게 내밀었던 (정치)사다리를 정작 여러분들은 후배들에게 걷어차고 있진 않은가요?"

국민의 정부를 표방했던 김대중 대통령!

그런 김 대통령님의 뜻을 기리고 추모하기 위해서라도 더 가까이, 더 편하게, 더 친숙하게 참여할 수 있는 국민의 추도식이 되길 소망해 본다.

서거하신 이희호 여사님과 평화롭게 영면하소서!

2019년 8월 18일

국민숙원 검찰개혁

지난 추석 명절 이후로 마음이 무거웠다. 나라가 왜 이렇게 돌아가는지 허탈감이 밀려왔다. 정치는 없고 정쟁만 난무하는 식상한 정치권에 품위 있고 멋진 야당에 대한 기대는 난망하고, 여당은 망망대해에 떠있는 일엽편주 같았다.

조국 장관은 장관의 일을 하고, 윤석열 총장은 총장의 일을 하라던 문 대통령의 주문에도 불구하고 유기적인 역할분담이 아니라 각자 따로 노는 진수를 보여주고 있는 법무부와 검찰, 치킨게임 양상으로 치닫고 있다.

"이쯤 가면 막 하자는 거지요"를 연상하게 된다.

검찰개혁 완수라는 사명 하나로 선공후사를 결단한 법무부 장관이 아니었어도 이렇게 사활을 걸었을까? 대한민국은 검찰공화국이란 현주소를 잊지 말라는 대국민 메시지를 보란 듯 뽐내고 있으니 어찌할까?

답은 결국 검찰에 대한 개혁, 외부에서의 견제장치인 공수처 설치인 것이다. 몇 년에 하나 나올까 말까 한 검찰 수장의 선의에 의존하는 개혁이 아닌 철저하게 분권화된 시스템에 의한 개혁을 완수해야 한다.

조국을 지키고 싶지만, 설령 조국이 가더라도 그 명제만큼은 절대 놓쳐서도 늦춰서도 안 된다.

문재인 정부가 아니면 그 어떤 정부도 할 수 없기에 검찰개혁에 있어서 손가락이 아닌 달을 봐야한다.

그런 성숙한 국민의식을 나는 믿어본다.

2019년 9월 25일

People

Peace

Passion

politics

Pioneer

Chapter 5

Pioneer

일본의 경제침략,
우리는 무엇을 해야 하는가?

첫째, 정부적 차원의 대처와 해법이다

최근 일본의 경제침략과 관련하여 백가쟁명의 해법과 시민들의 자발적인 일본 불매운동이 일어나고 있다. 단기전으로 끝날 양상이 아니기에 임하는 자세도 달라야 하고 경제 체질의 근간도 달라져야 한다.

이번 사태가 벌어지고 나서야 거듭 확인된 것이 있다. 과거 임진왜란 이후 유성룡이 『징비록』을 통해서 그렇게 경고했건만 우리는 여전히 일본에 대비하지 못했다. 백여 년 전에도 그랬고 지금도 여전히 그 수준이다. 치열하지도 치밀하지도 못하니 매번 당하는 것이다.

사실상 일제 식민지배의 면죄부나 다름없는 1965년 박정희 정권에 의해서 체결된 '한일 청구권 협정'은 꺼질 수 없는 불씨를 내포하고 있었다. 위안부 및 강제 징용 등 개인청구권 문제가 언젠가는 역사의 수면 위로 떠오를 수밖에 없었기 때문이다.

그것은 인류 문명의 발전과 궤를 같이하는 문제이다. 인권 신장과 이에 기초한 국경을 초월하는 인권 침해 사안은 특정 국가의 법적 (공소)시효 대상만이 아니라 전 세계의 이슈이자 인류 보편적인 시각으로 접근해서 당사자 중심으로 풀어야 할, 미래 의제였기 때문이다.

언제가 직면할 그 미래가 드디어 도래했을 뿐이다. 현재적 시점으로 말이다. 다만 그것의 대비에 있어서 역대 정권이 주도면밀하지 못해서 지금까지 선공을 빼앗기고 수비에 급급하고 있어서 안타까울 뿐이다.

이제 근본적인 질문을 던져야 할 시점이다.

일본은 우리의 우방 자격이 있는가?

이제 우리는 무엇을 해야 하는가?

세 가지 측면에서 제시해본다.

첫째, 정부적 차원의 대처와 해법이다.

지금까지 일본이 우리를 아는 것보다, 우리가 일본을 더 잘 안다고 자신할 수 있는가? 아프지만 여기서부터 다시 성찰해야 한다. 그게 정부가 마땅히 할 급선무다.

우방 국가라고 한다면 남의 영토(독도)에 대해서 시도 때도 없이 도발적인 언사를 퍼붓는 것도 모자라 자라나는 차세대의 의식에 영향을 끼치는 교과서에 날조적인 내용을 수록할 수 없을 것이다. 그들은 선린우호의 자격을 이미 스스로 걷어차 버렸다.

그들은 과거에 우리의 영토를 침탈했고 여전히 미련을 버리고 못하고 있다. 마치 신체에 면역성이 약해지면 바이러스가 침투하듯 언제든 독도를 빌미로 한반도에 개입하려고 들 것이다. 조건만 충족된다면 말이다.

영토뿐 아니라 국가의 삼 요소인 국민과 주권은 또한 어떠한가. 여전히 일제 강점기 시절의 상흔인 위안부 할머니들과 강제 징용 피해자들에 대한 사죄와 응분의 배·보상이 이뤄지고 있지 않다. 이것은 우리 국민에 대한 모독이자 반성 없는 군국주의의 잔재다.

이번 경제침략을 감행하면서 문재인 정권에 대한 정치적 전복을 염두에 두지 않으면 할 수 없는 언사들을 내뱉는 행태를 보면서 우리의 주권마저도 농락하려는 저의를 노골적으로 드러내고 말았다.

명백한 내정 간접이자 주권침해 행위인 것이다. 우리의 영토와 국민과 주권을 과거부터 현재까지 어쩌면 미래에 걸쳐서까지 능욕하는 일본이란 나라를 과연 언제까지 우방의 자격으로 대해야 한단 말인가.

그렇다고 감정적인 대응으로 비화해서도 안 된다. 일본 아베 정권의 꿈인 평화헌법 개정을 통한 군사대국화의 길을 꽃길로 만들어주고 싶은 생각은 추호도 없다. 우리 사회 일각에서 제기하고 있는 한일군사정보보호협정 폐기는 그들에게 그런 빌미를 제공할 수 있다는 점에서 신중하고 자중해야 한다. 지소미아(GSOMIA)폐기 카드는 쓸 때가 따로 있다.

그러면 정부 차원에서 무엇을 할 수 있을까. 상대방의 힘을 역이용해서 되치기 하는 것이다. 제 힘만 믿고 앞만 보고 달려오는 일본이란 상대를 유도의 업어치기 하듯 바닥에 내리꽂는 것이다.

일본은 수출 규제에 이어서 화이트 리스트 제외 그 다음 수순도 준비해놓고 있을 것이다. 하지만 언제까지 무조건 고(Go)만 할 수 없을 것이다. 그때까지 인내하며 참으면 제풀에 지칠 수 있다.

정부는 WTO뿐만 아니라 전 세계를 대상으로 일본 정부의 잘못된 처사를 알리고 공감대를 확산시키는데 총력을 기울여야 한다. 외교부와 각 국의 대사관은 이럴 때 쓰라고 있는 것이다.

우리나라의 고도 성장기는 메이드 인 재팬을 대체하는 역사라고 해도 과언이 아니다. 일제, 일본 제품이라면 사족을 못

쓰던 시대도 있었지만 점차 제조 부분에서 문화에 이르기까지 메이드 인 코리아와 한류로 대체해 왔던 노정의 역사였다. 이제 다음 단계로 진입하자.

우리의 아킬레스건 중의 하나인 소재 산업의 고도화에 정부가 발 벗고 나서야 한다. 가까운 일본이란 나라에 의존해서 손쉽게 수입하던 관행에서 탈피할 기회다.

그동안 운용해왔던 정부 R&D 자금정책을 총체적으로 점검하고 소재 부품 중견, 중소기업의 역량을 키우자.

수출 대기업 중심의 경제 정책에 대한 근본적 성찰이 절실하다. 중소 제조업의 근간이 위태한 지경에까지 이르도록 역대 정부는 대기업 몰아주기에 몰두했다.

이제라도 경제철학과 기조를 근본에서부터 바꾸자. 그것의 일환으로 사회부총리를 없애고 중소벤처기업부 장관 겸 산업부총리로 정부 직제를 개편하길 바란다.

가급적 정치인 출신 장관을 배제하고 중견·중소기업인 출신 인재를 등용하여 경제·산업정책을 재편해야 한다. 여전히 북핵 문제가 풀리고 있지 않지만 통 큰 결단이 필요하다. 메이드 인 코리아를 넘어서 메이드 인 한반도를 통해서 평화경제 프로세스에 돌입해야 한다.

제발 일희일비하지 말자. 큰 위기 앞에서 큰 결단이 요구된다. 큰 정치가 필요하며 그렇게 하길 기대한다.

끝으로 여의도 정치권을 **빼놓을** 수 없을 것 같다. 이 판국에 뭘 하려고 하지 말고 밀린 일이나 잘하라. 그래야 국민이 안심하고 생업에라도 집중할 수 있다.

둘째, 기업적 차원의 대응과 대안이다. 초격차 기업인가, 저격차 기업인가?

S전자의 주요 임원을 지낸 인사가 출판한 책이 베스트셀러에 등극할 정도로 인기를 끌었다. 반도체 수출 세계 1위라는 단군 이래 최대의 쾌거와 함께 타의 추격을 허용하지 않는단다.

이번 일본의 수출규제 조처로 그것이 초격차인지 저격차인지 실상이 드러났다고 해도 과언이 아니다. 동종 산업의 경쟁자가 도저히 따라올 수 없을 정도의 격차를 벌려서 추격의지를 무력화시킬 정도의 경쟁력 그것이 초격차인데, 거기엔 여전히 모자란 듯 보였다.

자유무역과 국제 분업이란 글로벌 시장 메커니즘에 비춰볼 때, 일본의 수출규제 조처가 정부가 아닌 기업 차원에선 예상하기 힘든 돌발 변수라는 점엔 이견이 없다. 하지만 천재지변뿐 아니라 이번 같은 경제 외적 변수에 관한 대비도 초격차의

요건이다.

세계 초일류 삼성이 이럴진대 다른 대기업 상황도 크게 다르지 않을 것이다. 제조업의 생산 공정에서 사슬처럼 연결돼 있는 원·부자재 및 중간재 수급 과정에서 우리의 아킬레스건을 일본은 정확히 알고 급소를 찌른 것이나 다름없었다. 허를 찔린 것이다.

희망은 초격차지만, 현실은 저격차 였음을 인정하는 것에서부터 다시 시작해야 한다. 여기서부터 말이다. 그것은 천문학적으로 쌓아놓고 있는 사내 유보금을 초격차의 충분조건에 해당하는 일본산 중간재의 수입 대체를 실현하는 용도로 사용하는 것이다.

우리나라 소재 산업의 생태계를 활성화하면서 기술은 있어도 대량 생산에 나서지 못하고 있는 중견, 중소기업과 상생의 모형을 만드는 것이다. 필요하다면 정부와 매칭으로 구현해 낼 수 있다.

일개 기업 수준이 아닌 한국판 초격차인 것이다. 반도체 산업뿐 아니라 더 광범위한 일본의 도발이 있을 수 있다. 지금이

야말로 바닥이 탄탄한 제조업 기반을 다질 제2의 도약기라고
할 수 있을 것이다. 계기는 일본이란 타의에 의해서 비롯되었
지만 위기를 기회로 만드는 리더십은 오로지 우리의 몫인 것
이다.

사족이더라도 이 말은 반드시 하고 넘어 가야겠다. 일본의
경제침탈이란 어수선한 분위기에 편승하여 혹시라도 경제민
주화의 후퇴를 내심 바라는 세력이 있다면 그것은 아베 일본
의 경제침탈 못지않게 우리 경제 체질에 해악을 끼치는 것임
을 명심하기 바란다.

셋째, 시민의 지속적인 참여와 좌우를 포괄하는 시민사회의
운동적 결합이다.

우리나라와 일본은 2차 세계대전 이후에 태어난 전후 세대
가 현재 인구의 절대다수를 차지한다. 문재인 대통령과 아베
총리도 역시 마찬가지이다.

역설적이게도 일본군 위안부 문제를 비롯한 과거사를 정부
차원에서 시인하고 반성의 담화문을 발표했던 일본의 정치인
들은 무라야마 도미이치 전 총리(96세), 고노 요헤이 전 관방
장관(83세) 등 일본 제국주의의 역사를 직접적으로 겪었던 침

략 전쟁 세대들이었다.

1993년과 95년 이들 전쟁 세대들이 담화문을 통해서 일본 군국주의의 어두운 과거를 사죄하고 반성하며 새로운 일본으로 거듭나려고 했던 시도도 있었지만, 그들은 자식 세대(아베 총리와 아베 내각의 고노 다로 외무대신 ; 고노 담화를 발표했던 그분의 아들)들에게 올바른 역사 교육을 제도적으로 안착시키지 못했다.

일본의 전쟁 세대들 가운데 일부 정치권과 시민사회는 잘못된 과거사를 바로잡기 위하여 애썼지만, 그것이 주류가 되지는 못했다. 일본의 양심은 거기까지였다.

뿌리 뽑지 못한 일제 군국주의 사관은 독버섯처럼 다시 퍼져서 그들의 자식 세대들이 일본을 다시금 극우 세력이 판치는 제국시대로 회귀시키고 있다.

한 집안에 가훈이 있듯이 전범 국가 일본 역시 국가적으로 다시는 그런 침략적인 제국주의 역사를 반복하지 않으려고 기존의 제국 헌법(메이지 헌법)을 전쟁을 부인하는 일본국 헌법(평화헌법)으로 대체했다.

불과 반세기 전의 일인데 그 뿌리가 흔들리는 것이다.

우리의 현재 모습은 어떠한가.

발본색원 철저하지 못했던 친일청산의 역사를 다시 언급하지 않겠지만 항일에 이어 극일의 정신은 도도히 우리 사회 전반에 켜켜이 축적되고 계승되어 왔다.

하지만 친일의 잔뿌리가 여전함도 부정할 수 없다. 지난 이명박근혜 정권 시절 잠시나마 풍미했던 뉴라이트 사관(식민지 근대화론에 입각한)으로 말미암아 역사교육을 둘러싼 이념 대립이 고조되며 2015년 국정교과서 파동으로 그 정점을 찍었다.

제국주의 역사의 일본은 철저히 반성하지 않는데 비하여 왜 부끄러움은 우리의 몫이 되어야 했는가.

그것은 바로 수치와 부끄러움을 극복하는 최고의 비결인 '직면(Confrontation)'을 회피했기 때문이다. 일본의 보수 우익세력과 우리나라의 친일 잔재세력들 모두 마땅히 청산했어야 할 과거사를 직면하기는커녕 오히려 미화하고 왜곡하는 퇴행만 반복했던 것이다.

기습적인 일본의 경제침탈로 인하여 우리는 다시금 우리 안의 일본을 직면하게 되었다. 너무나 친근하게 상품과 서비스의 형태로 우리 생활 곁에 다가와 있는 일본을 다시금 보게 되었다. 이게 일본 제품이었구나!

시민은 생산자이면서 또한 소비자이며 모든 캠페인의 주체이다. 시민은 윤리적일 때 그 힘이 더 강해진다. 생산 영역뿐 아니라 윤리적 소비와 윤리적 캠페인이 시민의 연대로 확대될 때 비윤리적 기업뿐 아니라, 정치(소비)마저도 바꿀 수 있음을 우린 확인했었다.

이제 국경을 넘어 그 영향력의 가능성을 확인하기 위한 자발적인 시민들의 소비자 운동이 전개되고 있다. 지난 촛불시민들이 보여줬던 자율성과 질서, 무차별적인 공세가 아닌 족집게 방식으로 말이다.

시민들이 주말마다 다시 광장으로 모이고 있다. 다소 무모할 수 있지만 여기서 한 가지 제안을 시민사회, 특히 진보적 시민운동 진영에 하고 싶다.

그것은 바로 이번 일본 제품 소비자 운동을 좌우가 하나 되는 통합적 운동 방식으로 했으면 하는 것이다. 좌우가 따로 없는 소비자 운동의 판을 벌이는 와중에 보수적 사회운동단체도 결합할 수 있도록 참여 공간을 넓혀볼 것을 제안한다. 우리 정치권은 그렇게 못해도, 시민사회 차원에선 전혀 불가능한 일은 아닐 것이다.

보수에 태극기 부대만 존재하는 것은 아니지 않은가. 속도보다 방향이 중요하고 더 큰 연대가 지속력 있다. 시민사회가 광장에서 판을 까는 역할도 중요하지만, 일본의 시민사회와 소통하고 교류하는 일도 후순위가 되어서는 안 될 것이다. 우리나라와 일본 시민사회가 함께 참여하는 가칭 '한·일 민주시민 평화 원탁회의' 같은 참여형 협의체를 제안하고 만들어서 한국과 일본을 오가며 막힌 담을 허무는 일을 해주길 바란다.

일본 아베 정부는 지금 당장 경제침탈을 멈춰라!
슬기로운 소비자 운동으로 아베 꼼수 막아내자!
한·일 민주 평화시민들의 연대로 극우를 극복하자!

2019년 8월 4일

킨텍스에 우뚝 서다

대한민국 우수상품 전시회에 참가했다. 기업설명회(IR)도 다녀보고 투자유치 프리젠테이션도 여러 번 해봤지만 상품전시회 참가는 생전 처음이라서 약간의 긴장감과 기대감을 갖고 참여하게 됐다.

어쩌다 어른도 되고 여러 길을 거쳐 사업가도 되어 보니 경험치가 늘어가지만 어색한 만남은 있게 마련이다. 신생 벤처기업에게 초심을 잃지 말라는 뜻인지 몰라도 마주보는 전시부스에 납골함 제작 업체도 와 있었다.

요즘 닥치고 사업에 열중하다 보니 좌순실 우병우로 대변되는 정치권 핫이슈도 강 건너 불구경이 되었다. 박근혜 대통령을 비롯한 청와대와 여권 핵심인사를 전시회 제품으로 치자면 우수상품은 고사하고 납품불가 불량품 밖에 안돼서 폐기처분 대상이라고 불러야겠다.

어쩌다 대통령이 돼가지고 나라를 이 꼬락서니로….

좋은 교훈 하나 뼈저리게 얻게 됐다. 경국지표, 어쩌다 방심하고 투표하면 나라가 기우는 (투)표가 된다는 두려운 사실을 말이다.

2016년 10월 26일

광성명가

우리 집 10년 치 명절 전을 하루만에 붙였다. 머리부터 발끝까지 온통 기름 범벅이 된 건 당연했다. 물론 이 모든 일을 혼자 힘으로 한 건 아니다. 절대다수의 여성들 속에서 지도 받아가며….

기독교가 사회적 비판을 많이 받고 있지만, 그래도 아직 교회는 살아 있다. 내가 다니는 교회도 심장이 뛰고 있다. 그에 맞춰서 손발도 잘 움직이고 있다.

광성명가!

매년 설이나 추석마다 교회 이웃에 살고 계신 독거 어르신들께 좋은 재료로 명절 음식을 만들어서 가가호호 전해드리고 있다.

명가(名家)가 별건가. 경주 최부자 가문처럼 널리 베풀고 나누는 전통이 있으면 명가가 아니겠는가. 밝고 따뜻한 빛에 부패하지 않는 소금 같은 교회의 모습에서 기독교의 희망을 찾는다.

2016년 9월 14일

더불어 사는 바보 소비

나는 일주일에 한두 번 운전을 하는 편이다. 그러다보니 한 달에 한 번 주유소에 들르는 정도다. 그런데 갈 때마다 주유소의 풍경이 달라져 가는데, 그건 주유원이 갈수록 줄어들고 셀프화 되는 현상이다.

주유원을 고용한 주유소와 셀프 주유소의 경우 리터당 평균 50원 정도 차이가 난다. 5만원 주유할 경우 1,500원 정도 차이가 나는 금액이다. 일 년으로 환산하면 약 2만원 내외 정도의 차이가 발생한다. 나보다 운전을 더 많이 하는 운전자에겐 금액차가 더욱 커질 것이다.

다시금 소비를 생각한다.

어떤 소비를 할 것인가. 어떤 재화와 서비스를 소비할 때 만족도가 높아질까. 개인적 만족도와 사회적 만족도의 균형을

맞출 수 없을까.

현대 경영학의 아버지라 칭송받는 피터 드러커가 제시한 핵심적인 경영철학은 기업의 사회적 책임과 윤리 경영으로 요약될 수 있다. 무엇을 생산하느냐 못지않게 어떻게 생산하며 책임을 질 것인가를 강조한다.

나는 바보 같은 소비를 지향하려고 한다. 그래야 바보 같은 생산자가 살아남을 수 있으니까. 자동차 기름을 넣어도 셀프 주유소가 아닌 주유원을 고용하는 주유소, 야식 하나를 시켜 먹어도 가맹점에게 갑질 하지 않는 업체와 동네 자영업자 중심으로.

좀 더 큰 소비를 들자면 15년 가까이 된 자동차를 앞으로 바꿀 일이 생기면 고용의 정규직 비율이 높고 정리해고를 남발하지 않으며 하청업체 후려치지 않는 그런 기업의 자동차로 바꿀 생각을 하고 있다.

계절이 두 번 바뀌고 다시 쌍용자동차 평택공장 앞에 왔다. 스웨텐에 볼보 자동차가 있다면 우리나라엔 볼모 자동차가 있었다. 자동차가 많이 팔려야 해고 노동자를 복직시킬 여력이 생긴다는 말로 소비자를 여전히 볼모로 잡고 있는 회사. 착잡해지지 않을 수 없었다.

또 다시 마른수건 쥐어짜듯이 노동개혁(악)을 강행하는 박근혜 정부 역시 볼모 정부가 아닐 수 없다.

"문제는 노동이 아니라 기업이다." 라고 말할 수 있어야 혁신이다. 곁가지 말고 본질의 혁신 말이다.

2015년 10월 4일

생애 첫 카네이션

갑자기 훅~하고 들어온 손길을 피하지 못했다. 염○○ 전도사님은 알고 있었을 것이다. 우리 부부가 어버이날에도 카네이션을 받지 못했음을, 그래서 한시의 머뭇거림도 없이 우리에게 꽃을 달아주었다.

교회 20대 청년들 몇 명이 광성중고교 입구에서 어버이 주간을 맞이하여 교인들 가슴에 카네이션을 달아주고 있었다. 그들도 나름 기준을 갖고 식별을 하며 꽃을 달아주고 있는 듯 보였다.

외관상 40대 중반 이상으로 보이는 중년 교인들이 해당되는 것 같았다. 그런데 그들도 가끔 혼란을 느끼는 중년들이 있기 마련이디. 내 아내 같은 사람. 나와 세 살 차이밖에 나지 않지만, 동안 중의 동안!

　예전에 집 근처 서오릉에 놀러 갔을 때, 약간 한적한 장소에 있는 벤치에 앉아서 아내와 함께 쉬고 있었다. 그때 잠시 아내가 내 다리를 베고 누워 하늘을 보고 있었는데 지나가던 일행 중에서 속삭이듯 쑥덕쑥덕,

　"저기~~ 불륜일 거야". 속삭임인데 다 들리고 말았다.

　누워있던 아내가 갑자기 벌떡 일어나더니 그 일행을 향해서 웃음 띤 얼굴로 "우리 불륜 아니고 부부에요."

　나도 아내도 그냥 웃었다. 심지어 어떤 때는 딸이 아니냐고 물어볼 때도 있었으니까 이 정도 쯤은 별 거 아니기도 했다.

　인생에서 때론 주는 대로 다시 그것을 돌려받으며, 살 수 없을 때도 많다는 것을 알만한 시기가 온다. 우리 부부 같은 경우 어버이날이 특히 그렇다. 그것을 염 전도사님은 섬세한 마음으로 표현했다.

참으로 고마웠다. 망설임 없는 과감함이 어떨 땐 사람의 마음을 만져주고 손난로처럼 따듯한 온기를 전한다. 미래에 좋은 목회자가 될 것 같다는 기대감도!

앞으로도 세상의 아이들, 청소년과 청년들에게 어른다운, 부모다운 모습으로 살아야겠다는 마음을 더 단단하게 해본 어버이날이었다.

2018년 5월 12일

고향은 올라오는 곳

종종 질문을 받는다. 귀향해서 어떻게 사냐고.

그럼 "그냥 살아요."라고 답하면 고개를 갸우뚱하며 의아해한다.

거창하진 않더라도 뭔가 결연한 대답을 원했던가 보다. 실망한 표정이 번개처럼 스쳐가곤 하는데 그냥 그러려니 한다. 여기서 포기하지 않는 분들도 더러 있다.

그냥 어떻게 살아요?

"좋은 이웃으로 함께 사는 거예요."

고향은 내려가는 게 아니라 올라오는 곳이다. 연어처럼 상류로 거슬러 올라오듯. 기껏 올라와서 물을 흐릴 수 없지 않은가. 그러니 좋은 이웃으로 사는 게 중요하다.

고향에서 시작했다. 혹한기 방풍 봉사활동으로 든든한 젊은 이웃이 되는 삶을.

P.S. 높은 뜻 광성교회_함께하는 사람들, 서충환 장로님의 헌신과 봉사에 감사드립니다.

2019년 1월 13일

보이지 않는 동그라미

오늘은 어떤 날인가?

요즘은 스마트폰 일정 관리를 주로 사용하고 있지만 중요한 일정만큼은 달력에 동그라미 표시를 한다.

오늘은 4월 12일 금요일. 달력에 아무런 표시가 없는 날이다. 가족들의 생일도 아니고 법정기념일도 아니다.

특별한 약속도 없는 날이지만 보이지 않는 동그라미를 그려놓은 날이다. 혼자서 의미 부여를 한 날이다. 자신과의 약속, 자칫 흐려질 수 있는 다짐을 오롯이 새기고 결의를 다지는 전기로 삼은 날이었다.

언덕도 산 대접을 받는 평택에서 현충탑이 있는 덕동산을 다녀왔다. 흐드러지게 핀 목련과 하늘에 떠 있는 눈꽃 송이 벚꽃, 끝물 개나리까지 현충탑으로 난 길은 잘 단장된 꽃길이었

다.

곱디고운 꽃길을 걸으며 한편으로 밀려오는 슬픔, 후대 역사의 꽃길을 내기 위해서 알아주는 이 없어도 당대의 가시밭길을 묵묵히 걸어야 했던 순국선열들.

오늘은 현충일도 아니고 그 무엇도 아닌 날이지만 호국영령들 앞에 이렇게 힘차게 고하고 돌아왔다.

"역사의 수레바퀴를 앞으로 돌리며 살겠습니다." 라고.

2019년 4월 12일

목구멍으로 밥이 넘어 가냐?

우리 집 식탁에 앉을 때마다 마주하는 게 있다. 가시 면류관을 쓴 예수. 어른 손바닥 크기의 부조 조각상이다.

미술가인 친구가 고향으로 이사 온 우리 부부를 환영하며 집들이 선물로 해준 작품이기도 하다. 우리 부부도 어느덧 20년 세월을 함께하고 있어서 이 작품을 어디에 둬야할지 금방 의견일치가 되었다.

하나, 둘, 셋!

둘 다 동시에

식탁!

십자가에서 피 흘리는 예수를 형상화한 작품을 밥 먹을 때마다 마주봐야 하는데 기꺼이 그렇게 하겠다고 하니 조금 정상이 아닐 수도 있다. 하지만 그리스도 예수의 제자로 살아가는 삶이란 매순간 자신에게 물어보는 삶이다.

밥 먹을 자격 있냐?

나와 내 가족만이 아니라 이웃과 상생하고 있나?

때론 손해인줄 알면서 기쁘게 그 길을 걷고 있나?

이런 종합적인 물음의 형상화가 그 작품이었다.

매년 늦봄으로 가는 길목에서 마주치는 내 생일!

철들고 나서 생일 즈음에 늦봄 문익환 목사님을 기리게 된 것도 그 때문이다. 목사님은 예순이 넘은 연세에도 닥쳐올 고난을 회피하지 않고 한반도 평화를 위해서 묵묵히 나아갔다.

앞으로도 물으며 살려고 한다.

나는 평화를 위한 활동을 하고 있는가?

나는 통일에 기여하는 삶을 살고 있는가?

나는 평화통일 공동체를 준비하며 살고 있는가?

지천명의 고개를 넘기 직전인 49번째 나의 생일. 물음은 계속될 것이며 그에 대한 해답은 살아가면서 꾸준히 보여줄 것이다.

2019년 4월 30일

민유 씨의 맘마미아

십여 년 전 인터넷을 통해서 적어도 1백 번은 봤던 동영상이 있다. 지금까지 살면서 한 가지 영상을 그렇게 많이 봤던 적은 단 한 번도 없었다. 영국의 오디션 프로그램(Britain's Got Talent) 출연, 폴 포츠(Paul Potts)가 노래하는 영상이다.

그는 정통 성악 전공자도 아니면서 독학으로 연습한 푸치니의 오페라 곡 'Nessun Dorma'를 불러서 심사위원은 물론이고 관객들의 갈채와 찬사를 받으며 일약 세계적인 스타로 부상했다.

어떤 분야의 전공자가 아니면서 전공자 못잖은 실력을 발휘하는 사람들을 종종 볼 수가 있다. 그럴 때 흔히 듣는 말이 "전공하신 거 맞죠? 그렇죠?"

아내가 출연했던 뮤지컬 합창공연 '맘마미아'가 공연장 복

도까지 꽉 찰만큼 성황리에 마쳤다. 비록 공연 24시간 전에 SNS를 통해서 번개 공지를 했지만, 원근 각지에서 찾아와 주셔서 고맙기 그지없다.

극 중 '소피' 역할은 두 사람이 맡았다. 어린 시절의 소피와 성인이 된 소피, 아내는 성인 소피 역할을 맡아서 열연했다. 공연의 피날레 무대에서 독무를 추면서 말이다.

공연을 마치고 아내를 처음 본 관객들이 이런 반응을 보였다. "무용 전공하신 거 맞죠?" 비전공자로서 들을 수 있는 최고의 찬사가 아닐까. 무대에 익숙한 아내이지만 춤은 처음이었으니 더욱 그랬을 것이다.

폴 포츠의 노래를 들으면서 느껴졌던 감동의 전율이 이번 아내의 독무에서도 그대로 느낄 수 있었다. 어디까지나 내 주관적 판단이자 느낌이긴 하지만, 관객의 한 사람으로서 아낌없는 박수를 보내줬다.

비록 기초단체의 시민 합창단이지만 그 실력과 수준은 어느 프로 합창단에 견줘도 전혀 손색이 없었다. 지면을 통해서 평택시 합창단 음악 감독이자 지휘자, 이주훈 님과 안무 지도, 최은실 님께 경의를 표한다.

"아내와 함께 멋진 공연을 해주신 단원 여러분, 정말 아름답고 멋진 공연 해주셔서 감사합니다!"

2019년 7월 6일

글갱이마을 마지막 작은 음악회

말은 쉬워도 '작은'이란 수식어를 달고 하는 일이 결코 만만하지 않다는 사실을 잘 알고 있다. 작은 도서관, 작은 미술관, 작은 음악회….

돈의 능력이 아닌 사람의 마음과 공동체의 의지, 협동의 힘으로 만들어가는 작은 세상들을 내 고향 평택에서도 발견하는 기쁨이 요즘 쏠쏠하다.

지역 기반의 미술 작가들은 전시 공간을 빌리기가 쉽지 않은데, 어느 찻집이 지역사회 미술가들에게 전시 공간을 대여하는 작은 미술관 역할을 했다.

어제(24일)는 작은 음악회가 열리는 곳을 찾아갔다. 농촌 마

을 몇 곳이 뜻을 모으고 마을 교회가 장소를 제공해서 지역사
회단체가 주관하여 만든 음악회였다.

한창 개발 바람이 불고 있는 평택에도 이런 전원적인 마을
공동체가 남아 있어서 정말 반갑고 좋았다. 하지만 나에게는
처음이자 마지막 음악회였다.

개발과 발전의 바람은 그곳만 피해서 불지 않았다. 농촌의
고령화와 개발 낙후 지역이란 형평성 문제도 작용했을 것이
다. 7회를 끝으로 이별하는 작은 음악회…. ㅠㅠ

예로부터 글 잘 쓰는 사람들이 많이 살았다고 해서 문곡(文
谷)이란 지명이 있었는데, 그것을 우리말로 바꾼 것이 '글갱이
마을'이라고 한다. 나는 '글갱이마을'이라는 어감이 참 좋다.

글갱이마을의 음악회는 일관된 주제가 있었다. '생명' 음악
회, 굳이 멀리서 그 의미를 찾지 않더라도 평택 시민이 교훈으
로 삼아야 할 생명의 가치가 있다.

2006년 미군기지 평택 이전과 대추리, 황새울 들판.

2009년 쌍용자동차 대량해고로 인한 사회적 타살.

발전과 성장이란 이름으로 자행되는 생태계 파괴.

반면 음악회 자체는 결코 무겁거나 어둡지 않았다. 오히려
밝고 생명력 있는 노래와 춤과 연주가 처음부터 끝까지 출연
자와 관객을 하나로 만들었다.

관객들 앞에서 "이게 끝이 아니에요." 라며

새로운 희망을 말씀하신 도대3리 박대원 이장님,

저와 제 아내도 그 희망 응원할게요.~~

덧말) 음악회 시작하기 전 짧은 퀴즈 시간이 있었다.

예비 사회자(이은우, 평택시민재단 이사장)가 도대3리 이장님 존함을 물었는데, 아내가 예상한 문제였다. 그래서 나도 박대원 이장님을 기억하게 된 것이다.

센스쟁이 아내 덕분에 부모님께 좋은 선물도 했다.^^

2019년 8월 25일

참여연대 비판을 비판한다

쓴 소리 좋아하는 사람은 없다. 싫다고 귀 막고 있느냐, 그래도 듣느냐 하는 태도가 청자의 개인적 또는 소속 집단의 발전을 좌우한다.

보수언론의 보도나 논조에 관해서도 존중하는 자세로 경청하지만, 오늘 같은 논조는 혹세무민에 가깝다고 생각해서 공론의 장에 붙이지 않을 수 없게 됐다.

악마는 디테일에 있다(The Devil is in the details)고 했다. 하나씩 끄집어 내보겠다. 먼저 동아일보의 이 기사를 일독하신 후 양자의 논지를 취사선택 하셔도 좋을 것 같다.

<참여연대는 왜 할 말이 없나> 2018년 4월 20일 이진영 기자.

1.'노무현 정부를 지켜내지 못했다'는 자책감 때문인지

그 전에 잠깐 내 개인사를 얘기하겠다. 참여연대를 그만 둘 시점의 일화이다. 정치적 중립성과 독립성이 철저히 몸에 배인 조직문화 속에서 활동했기에 있었던 일이다.

당시 사무처장과 나눈 대화의 일부분이다.

2007년 대선을 앞두고 ○후보를 돕고 싶은 마음에서 사표를 제출하려고 할 무렵이었다. 처장은 인간적으로도 참 좋은 사람이었다.

내가 지지하는 대선후보의 당선 가능성이 희박할 것이라는 생각이 내심 있었던지, "휴직계를 내고 나중에 다시 돌아오라."는 파격적인 제안을 해줬다. 그 마음이 정말 고마웠지만 나쁜 선례가 될 것 같아서 끝내 받아들일 수 없었다. 이게 참여연대이다!

전제부터 잘못됐다. 참여연대가 특정 정권을 묵시적 또는 명시적으로 지지한 적은 단 한 번도 없다. 오히려 노 대통령 지지자들(그룹)로부터 사사건건 참여정부를 비판한다는 원성을 가장 많이 들은 곳이 참여연대였다. 팩트체크의 기본이다.

지난 20년이 넘도록 50여명의 상근 활동가와 1만 5천명에 달하는 회원들이 정부의 재정적 지원을 받지 않고, 독립적 권력 감시 운동을 할 수 있었던 저력과 배경에는 그런 정치적 스탠스가 있었기에 가능한 일이었다. 선무당이 사람 잡는 기사이다.

2. '민주당 정부가 아니라 참여연대 정부'

문재인 정권에서 참여연대 출신이 여럿 등용된 것은 사실이다. 참여연대는 회원, 활동가, 각 분야 전문가들로 이뤄진 실행위원이 유기적인 결합을 통해서 시너지를 내는 구조의 시민운동 단체이다.

정권에 기용되는 이들은 주로 실행위원 출신인데, 이들에게도 윤리규정을 준수할 의무가 있다. 특정 기간이 경과하지 않았거나, 회전문 인사를 방지하는 시스템이 갖춰져 있는 것이다.

그 이전 김영삼 정부 시절, 경실련 출신들이 대거 정권에 등용될 때만 하더라도 그런 윤리규정이 빈약하여 열심히 일하는 활동가들과 단체에게 부담과 누를 끼치는 경우가 종종 있었다.

그런 전례를 반복하지 않기 위해서 참여연대는 타산지석의 교훈으로 삼아서 실천해왔던 것이다. 단지 참여연대 출신이라는 점이 주홍글씨가 될 이유는 없다. 낙인찍기의 전형적인 수법인 것이다.

지난 보수정권 9년간 특정 연고(혈연,학연,지연 등) 출신 인사들이 전횡을 일삼으며 폐해를 일삼던 일과 단순히 참여연대

출신이라는 점을 나란히 평행선에 두고 비교하는 것은 어폐도
이런 어폐가 없는 것이다.

3. 참여연대의 '집권'으로… 쓴소리꾼을 잃었다.

기자는 최근 민주당 당원이었던 드루킹이라는 자의 소행에
대해서 참여연대가 침묵하고 있다고 한다. 그러면서 지난 보
수 정권 때 발생한 댓글 조작 사건과 비교를 하는 전형적인 물
타기 수법을 쓰고 있다.

지난 이명박근혜 정권 때 발생한 국가기관에 의한 댓글 조
작 사건과 최근 드루킹 사건은 차원이 다른 사안이다. 보수정
권에서 국가기관을 동원해서 일으킨 댓글 조작사건은 국기를
흔들고 헌정을 파괴하는 행위였다. 하지만 드루킹 사건은 이
미 검경에서 조사를 하고 있는 사안이다.

만약 드루킹 사건을 정권 차원에서 비호하거나 검경에서 조
사를 하는 둥 마는 둥 한다면 지금까지 그래왔던 것처럼 참여
연대는 반드시 성토에 나설 것이며 특검 등을 요구할 것이다.

그런데 침묵하고 있다니, 쓴 소리를 잃었다니, 이게 무슨 해
괴망측한 넘겨짚기인가. 주마가편은 말을 학대하려고 채찍을
휘두르는 것이 아니다. 악의적 의도가 개입된 것으로 보인다.

4. 인사 검증에 줄줄이 실패한 조국 민정수석에 대해

참여연대는 논평 한 줄 내지 않았다.

누구의 관점에서 인사 검증 실패인가? 국민의 눈높이가 기준인가? 아니면 보수언론의 '그때 그때 달라요'가 기준인가?

조국 수석을 두둔할 생각은 추호도 없다. 다만 최근 김기식 금감원장의 낙마에서 확인된 것처럼 그의 최종 결격사유는 선관위를 국민적 비웃음거리로 만든 일이었다. 마치 과거 헌재가 서울은 수도라는 것이 관습헌법이라며 우격다짐을 하던 것과 흡사한 논리였다. 김 원장이 잘 했다는 것이 아니라, 만약 법원에서 다뤘다면 결과를 예단하기 어려웠을 것이다.

과거 박근혜 정권의 우병우 민정수석처럼 최순실의 국정농단을 방기함으로써 민정수석이 대통령을 잘못 보좌해서 생긴 일과 전혀 차원이 다른 일이다. 조국 찍어내기를 복심에 둔 침소봉대인 것이다.

보수언론의 구미에 당기는 논평이 안 나왔다고 해서 참여연대를 비난한다는 것은, 과거 우 전수석에 관해 참여연대가 목소리를 낼 때 침묵한 보수언론 자신의 눈 속에 박힌 대들보를 외면하는 처신인 것이다. 요즘 말로 '내로남불'의 전형인 셈이다.

5. 2013년부터… 한국행정연구원에 따르면 시민단체를 "믿지 않는다"고 답한 비율이 증가했다.

숫자 속에 숨어 있는 악마의 디테일! 한국행정연구원(이하 연구원)의 조사 자료를 전면 부정하진 않겠다. 하지만 유의할 점이 있다.

그런 조사를 시작한 시점이 공교롭게도 2013년이다. 나도 이 부분은 조심해서 피력하려고 한다. 자칫 연구원들의 명예와 연구의 가치중립성을 폄훼할 우려가 있기 때문이다. 따라서 단정적인 주장이 아니라 개연성을 제기하고자 한다.

2013년에 연구원장으로 취임한 인사가 바로 현재 자유한국당 국회의원이 된 이은재(겐세이 발언), 오비이락 일수도 있지만 국책기관인 연구원이 박근혜 정권에 충실한 원장 아래 시민단체의 신뢰성을 조사한다는 것 자체가 의심의 소지가 있다는 것이다.

설령 그 점을 배제하더라도 그 당시 시민단체에는 참여연대 같은 단체들만 있었던 것이 아니라 백주대낮에 시민에게 막말과 폭행을 일삼던 '어버이연합' 등의 단체가 주목받고 있었던 점, 뉴라이트연합 같은 보수적 단체의 부각도 있었다. 그렇다면 이들을 섞어 놓고 평균을 내보면 어떨까.

기사를 천천히 정독하며 읽어보기 바란다. 시민단체의 신뢰도가 하락했다면서 은근 슬쩍 곧바로 참여연대의 신뢰도가 하락했다고 연결해 버리는 악마적 편집은 더 이상 새로울 것도 없다.

마지막으로, 시민단체의 신뢰성이 저하됐다면 어떤 부분에서 저하된 것인지 기자는 밝히지 않았다. 그냥 두루뭉술하게, 만약 연구 결과가 정권 비판에 시민단체들이 소극적이라는 이유로 신뢰성이 떨어진 것이라면 해석은 완전히 달라질 것이다. 안 그런가?

거듭 말하지만 반론의 개연성은 충분한 것이다.

6. "SKY보다 좋은 대학이 참여연대"

"스펙 쌓으러 참여연대 가즈아"라며 비아냥댄다. 누리꾼의 말을 인용했다고 전제하지만, 기자가 하고 싶은 말을 누리꾼이라는 익명성 뒤에서 대신 한건 아닌지 합리적 의심이 된다. 일베 수준이 아닌 이상 참여연대를 너무 드문드문 알고 있기 때문이다.

앞서 밝혔듯이 참여연대 출신 정부 인사들은 주로 실행 또는 운영위원 출신으로 그들이 이미 각 분야 전문가로서 명성을 쌓은 인물이라는 사실이다. 알이 먼저냐, 닭이 먼저냐 하는 식의 얘기인 것이다.

기자가 기사에서 스스로 이런 대목을 인용했다. 노 대통령의 국민경제비서관을 지낸 정태인 씨는 "386들이 정의감은 있지만 아는 게 없어서"라고 했다.

참여연대 활동가들뿐 아니라 각 위원회 위원들의 차별성이 거기에 있음을 기자도 인정한 것이다.

참여연대가 스펙이 된다면 그것은 구성원들이 정의감은 기본이고, 실력도 있다는 점이다.

이게 팩트이다!

스펙을 쌓으러 참여연대에 오는 것이 아니라, 이미 정의감과 실력을 겸비한 인사들이 참여연대 구성원이 되어 공동의 가치를 공유한 이후 각 방면에 진출하는 게 무엇이 문제란 말인가.

7. 참여연대는 출세욕에 몸이 달아오른 이들이기웃거릴 정도로 시시한 곳이 아니었다

겉으로는 띄워주는 척 하지만 이면엔 이런 의도가 잠복되어 있는 것처럼 받아들여진다. 그럼 지금은 참여연대가 시시한 곳으로 전락했다는 뜻인가.

이미 말씀 드렸듯이 정부의 지원 한 푼 받지 않는 독립적인 시민운동단체가 참여연대이다. 정치적 중립성에 관해서 논하자면 별도의 지면을 요하기 때문에 생략하지만, 본질은 시민단체의 정치적 독립성이 핵심가치인 것이다.

시민단체의 성격과 지향에 따라서 정치적 중립성은 금과옥조가 될 수 없다. 이 점을 잘 분별해야 하는 것이다. 가령 정부의 복지정책에 관해서 보수 단체와 진보 단체는 입장이 다를 수 있다. 그럴 때 필요한 것이 정치적 독립성이다.

추구하는 가치와 지향은 달라도 그것을 실현하는데 있어서 정치적 독립성을 유지하는 것! 바로 시민단체의 정당성을 좌우하는 척도인 것이다.

물론 유럽이나 미국 같은 선진국에선 정부가 지원은 하되 간섭은 하지 않음으로써 기계적인 의미의 정치적 독립성조차 논할 단계를 지나고 있다.

그런 점에서 민주화된 사회일수록 시민단체의 정치적 중립성이나 독립성에 초점을 맞추는 것이 아니라, 시민단체의 생산성(기자도 열거했듯 참여연대의 각종 입법 실적)에 시민적 평가의 가치를 두는 것이다.

기자는 현재 서울시장인 박원순 시장이 참여연대 재직시절 발언을 인용했는데, 그 발언 이후 이런 발언도 있었다는 사실은 소개하고 있지 않다. 역시 여기에도 게으른 악마가 숨어 있다고 할 수 있다.

시민단체 출신의 정치권 진출을 결벽증에 가까울 정도로 경계하던 그가 서울시장에 출마하면서 했던 발언이 있다.

"지금 세상이 이렇게 어지럽고 이렇게 정말 이명박 정부가 실정을 거듭하고 그럼으로써 정말 우리 사회가 이렇게 퇴행

〈민심을 거스르는 정부가 현실정치로 밀어 넣었다〉 CBS 시사자키 라디오 정관용입니다. 2011년 9월 21일 방송.

적으로 변하고 있는데, 당신 혼자만 그렇게 고고하게 살 거냐….”

그가 시민운동에서 정치가로 변신하면서 했던 말이다. 시민운동 경력을 스펙 삼아 정치권에 진출하려고 했으면 아마도 그는 훨씬 이전에 대접받으며 정치를 시작할 수 있었을 것이다. 그는 그렇게 하지 않았고 참여연대 출신들도 그와 별반 다르지 않았다.

이게 또한 팩트이다.

이제 마무리를 하고자 한다.

시민단체 출신이 정치권에 진출한 사실 자체만으로 시민단체의 순수성이 저하됐거나, 신뢰성에 문제가 있다는 식으로 근거도 빈약한 숫자와 아전인수식 해석을 늘어놓는 것은 노회찬 식의 표현을 빌리면 ‘신춘문예를 쓰는 것‘이나 다름없는 짓이다. 하지만 이 점 하나만은 나도 이번 기회에 다시금 돌아보고 일신우일신하는 계기로 삼고자 한다.

초심을 잃지 말자는 것이다. 무엇을 하든!

본 기사를 쓴 기자 분께도 함께 말이다. 독재에 항거한 동아투위 선배님들의 언론 민주화 역사에 부끄럽지 않은 기자로 기사를 쓰기 바란다.

2018년 4월 20일

유권무죄 무권유죄

기가 막히면 말도 안 나온다고 했다. 지난 한 달이 내게 그런 경우였다. 배도 고파봤고, 사랑 때문에 눈물로 밤도 지새워봤고, 가족과의 생사 이별을 통해서 그리움이 무엇인지 절감도 해봤지만, 살아오면서 이렇게 억울한 일은 없었던 것 같다.

지난 한 달 사이에 너무나 억울한 일을 당해서, 밤잠도 설치고 가슴에 피멍이 맺혀서, 정상적인 생활이 힘들었다.

그래서 깨달았다. 원내 정당의 대표까지 지낸 사람이 이 정도면 우리네 이웃들은 과연 어떨까 하고 말이다.

창조한국당은 유난히 당 대표가 수난을 겪는 정당이다. 상식에도 부합하지 않는 말도 안 돼는 해괴한 법적용(당채 이자율 재판)으로 유력한 대선 후보의 정치생명을 끊어놓질 않나, 유독 작고 약한 정당에만 매서운 법의 잣대를 들이대는 검찰과 사법부의 나라라고 아니할 수 없다.

나 같은 경우 대표 재임시절 사사로이 당으로부터 개인적 이익도 취하지 않았고, 불법적인 정치헌금을 받은 바도 없으며, 횡령이나 배임으로 당에 피해를 입히지도 않았음에도 돌아온 것은 대한민국 검찰과 사법부로부터의 명예훼손과 벌금형(50만원)이었다.

운전자로서 속도위반, 교통법규 한 번 어겨본 적 없고, 보행자로서 횡단보도 신호 한 번 어겨본 적 없었던 사람이 나란 사람이다. 그렇게 결벽증에 가까울 만큼 불법과는 거리가 먼 내가 불법을 저질렀다는 것이다.

나에게 죄가 있다면 당 대표 시절, 공은 당직자에게 돌리고, 허물은 내게 지웠다는 것이다. 그것을 법은 철저히 외면하고 희생양을 만들었다.

자초지종은 이렇다.

2011년 5월 창조한국당 전당대회를 통해서 당대표에 선출된 이후 문국현 전대표의 공백으로 발생한 당의 위기를 수습하고 정상화하기 위하여 모든 당직자들이 혼연일체가 돼서 그해 연말까지 사력을 다하고 있었다.

그러던 중 연말까지 집행해야 할 '여성정치발전기금(이하기금)'이 집행되지 않은 사실을 당직자로부터 보고 받았다.

그 당시 당 재정이 매우 열악하여 차입까지 하면서 기금을 연말까지 집행하려고 백방으로 노력했지만, 마땅한 용처가 없어서 결국 원칙대로 처리하려고 했다. 연말이 가까워오면 멀쩡한 보도블록을 교체하는 구태 행정이 없어져야 하듯 기금도 제대로 쓰이지 못할 것 같으면 중앙선관위에 기금을 반납하는 것이 옳다고 판단했던 것이다.

하지만 중앙선관위는 전례가 없다는 이유로 반납을 거부했고 당직자들은 급한 데로 우리당 여성위원회의 결의에 따라 본 기금을 집행하게 되었다.

그런데 그런 전후 사정을 파악한 경찰과 검찰은 나와 당직자들의 선의는 완전히 무시하고 급조해서 집행한 기금에 문제가 있다며 정치자금법 위반으로 당 회계책임자겸 사무총장을 기소하고 당 대표인 나는 회계책임자 감독 소홀로 연대 책임을 져야하는 정치자금법 조항을 적용해서 벌금형에 처했던 것이다. 나는 도저히 그런 결정을 받아들일 수 없어서 약식 기소로 끝낼 사안을 대법원까지 항소했지만, 법원은 요지부동이었다. 그때 깨달았다. 무권유죄 유권무죄

당시 회계책임자겸 사무총장도 정당 사무 경험이 없는 인사로서, 진정성 하나로 열정 사무를 감당하는 분이었는데, 그런 분을 사법처리하고 당 대표까지 연대해서 책임을 묻는 전무후무할 판례를 만들었던 것이다.

그런데 여기서 한 가지 짚고 넘어갈 부분이 있다. 정치자금

법 위반으로 당 사무총장과 나를 고발한 이가 다름 아닌 전당
대회에서 당권을 잃은 직전 지도부의 당직자였다는 사실이다.
자신들의 임기 동안 기금을 한 푼도 집행하지 않아서 그것을
떠안은 죄밖에 없는데 적반하장 식으로 정치보복성 고발을 자
행했던 것이다. 이런 사정을 경찰과 검찰은 외면하고 중앙선
관위의 기금 반납 거부 결정까지 확인한 마당에 유죄로 몰아
갔던 것이다. 과연 힘 있는 큰 정당이었더라도 이런 기소와 재
판을 할 수 있었을지 도저히 납득할 수 없는 결과였다.

얼마 전 수원지법에서 이런 판결이 있었다. 음주운전 상태
에서 위급한 아내를 살리기 위해서 음주 상태로 병원까지 운
전한 남편 운전자에게 무죄를 선고한 판결이었다. 재판부는
이렇게 판시했다.

"피고인의 음주운전은 목적의 정당성과 방법의 적합성, 상
황의 긴박성 등을 감안할 때 긴급피난 행위로 볼 수 있어 위법
성이 조각 된다"며 무죄를 선고했다.

법이란 무엇인지, 사회 속에서 살아 숨 쉬는 법이 어떠해야
하는지 보여주는 명 판결이었다고 생각한다. 사람을 살리는
법, 솔로몬의 재판을 연상할 수 있었다.

진심으로 경찰과 검찰, 사법부에 당부한다. 실적 때문에 과
욕 부리지 말고, 내 가족이라면 어떻게 할까 고민하면서, 한
사람의 도둑을 잡기보다 99명의 억울한 사람이 없도록 살피

고 또 살피길 바란다.

유전무죄 무전유죄, 무권유죄 유권무죄가 되는 세상이 아니라 강자에게 엄격하고 약자에게 너그러운 권력기관과 사법부가 되길 간절히 촉구한다.

2013년 6월 29일

박종태 대리를 아십니까

또 하나의 가족 그리고 세 번의 인연!

일견 보고 듣고 있노라면 고개가 끄덕이게 된다. 하지만 믿고 따르는 그 가족으로부터 야멸치게 버림받는 경우가 생긴다면 그 가족의 의미를 곱씹게 된다.

대한민국 경제 성공신화에서 빼놓을 수 없는 기업, 일개 기업의 차원을 넘어서 어느덧 사회적 자산으로까지 자리매김 된 굴지의 초우량 대기업, 삼성(samsung).

약 30년 전 우리 집 최초의 컬러텔레비전으로 안방을 차지했던 삼성은 십대의 어린 시절에 막연한 동경의 대상이었던 적도 있었다. 그런 삼성을 서른이 넘은 나이에 시작한 시민운동에서 두 번째 만나게 된다.

그 때 만난 삼성은 기업의 나이와 덩치에 맞지 않게 탈법과 편법으로 이건희 회장 일가가 소유한 적은 지분으로 기업전체를 좌지우지 하는 재벌(財閥) 대기업이 돼 있었다.

내가 시민운동을 했던 단체인 참여연대는 그런 삼성 등을 위시한 재벌 대기업을 상대로 소액주주운동을 하면서 현재 주목받고 있는 '경제민주화'운동의 마중물 역할을 했다.

흔히들 '참여연대'와 삼성은 앙숙이라고 오해들을 하는데 '개콘 네 가지' 멤버들의 표현을 빌리자면 "오해 하지 마"라고 분명하게 말할 수 있다.

자식을 훈육하는데 있어서 때론 칭찬도 필요하지만 따끔하게 혼을 내야 할 때도 있음을 알 것이다. 꾸지람이 지나쳐서 아동학대가 돼서도 안 되겠지만 아이가 싫어할까봐 꾸중을 못하다가 버릇없는 아이로 키우는 어리석음도 경계하는 것이 부모의 도리라 하겠다.

참여연대도 마찬가지였다. 국민의 기업 삼성이 더욱 세계적(글로벌)표준에 맞고 한국기업의 모범이 되길 바라는 차원에서 경제개혁운동을 했던 것이다.

소위 재벌대기업의 방어기제로 오용되며 회자되고 있는 '반기업 정서' 같은 것이 있어서가 아니었다.

참여연대는 대기업 삼성과 이건희 회장 일가를 구분하여 균형 있는 비판을 통해서 코리아 디스카운트(Korea Discount: 기업 지배구조의 투명성 등의 문제 때문에 원래 기업가치 보

다 낮게 평가되는 한국적 현상) 문제를 극복하기 위해서 불철주야 노력했고 소기의 성과도 거뒀다.

세 번째 삼성과의 만남은 정치권에 들어온 이후이다. 2007년 창당된 창조한국당은 '경제민주화'를 핵심 목표로 삼고 '사람중심 창조경제'를 슬로건으로 내세운바 있기에 문국현 대표에 이어서 당대표에 선출 된 나는 자연스럽게 경제약자, 소외자 그룹(개인)에 관심을 기울이게 됐다.

그때 만난 사람이 박종태 前삼성전자 대리였다. 어느 날 한 통의 전화가 대표 비서실로 걸려왔고 대표 면담을 요청한다는 메시지가 남겨졌다.

삼성과의 세 번째 인연이 시작되는 순간이었다. 삼성에 20년 넘게 또 하나의 가족으로 살아왔던 삼성전자 해고자 박종태 대리를 만나게 된 것이다.

그와의 첫 만남에서 머리숱이 적은 그를 보고 한참이나 연장자로 알았지만 나중에 알고 보니 그동안의 마음 고생 몸 고생으로 인해서 멀쩡하던 머리숱이 빠진 결과였다.

그의 해고 사연을 들으면서 삼성의 무노조 경영의 심각성과 문제점을 뼈저리게 알 수 있었다. 설마 그 정도일까 싶은 정도의 생생한 얘기를 들으면서 도저히 그냥 있을 수 없었다.

부당하게 느껴지는 그의 해고에 대해서 사회적 환기가 필요하다는 생각에서 삼성전자 본사 앞에서 1인 시위를 하기도 했다. 삼성이 윤리적 기업으로 거듭나길 바라는 간절한 심정으로 말이다. 하지만 그는 복직되지 않았다.

그 역시 몇 년 째 1인 시위를 이어갔지만 사회적 무관심과 때론 냉소어린 시선까지 감내해야 했던 그로서는 자신 같은 희생자가 또 다시 반복되지 않기 위해서 자신의 사연을 담은 『환상-삼성전자 노동자 박종태 이야기 (오월의 봄)』이라는 책을 펴내기에 이르렀다.

"공 대표님께는 꼭 선물로 드리고 싶다."는 그의 제안을 일언지하에 거절했다. "선물이라뇨, 당치도 않습니다. 꼭 사서 읽고 주위에 권유도 하겠습니다."라고 답해줬다.

친구 여러분들의 십시일반 참여와 후원을 요청한다.

그리고 삼성과의 다음 번 인연은 좀 더 밝은 얘기였으면 좋겠다는 희망 섞인 바람도 가져본다.

2013년 4월 22일

해군과 해적 사이

겁 없이 사업에 뛰어든 지 어느덧 100일쯤 되었다. 씨드머니 라고도 불리는 종잣돈을 투자받기 위해서 불철주야 동분서주하며 돌아다닌 날들이었다. 그동안 닳아 없어진 양말이 족히 열 켤레는 되었다.

알뜰한 아내 덕분에 헤진 양말을 몇 차례 꿰매 신기도 하지만, 꿰맨 주위가 다시 터져서 결국 이별을 한다. 아무리 온라인이 발달한 시대라지만 얼굴과 얼굴을 맞대고 소통하는 것보다 더 좋은 커뮤니케이션 수단은 없는 것 같다. 그렇게 얼굴은 웃고 발은 울었다.

사업을 시작하면서 다섯 가지 원칙을 세웠다. 거창하지 않아도 실천 가능한 것으로 말이다.

첫째. 세상에 유익이 되도록 하자.

▲ MIT 기업가정신센터에서 만든 배지

미국 벤처기업의 산실 MIT공대 기업가정신센터 배지 '해군에 입대하는 것보다 해적이 되는 게 더 재미있다.'

둘째. 내가 재미있어야 남도 재밌다.

셋째. 자존심 상하면 웃자.

넷째. 묵상을 거르지 않는다.

다섯째. 책임은 내가 진다.

원칙까지는 아니지만 날씨가 흐린 날 집을 나설 때 우산 두 개를 챙겨나가는 것도 습관이 됐다. 그렇게 주고 온 우산도 몇 개나 되었다. 사업도 결국 사람이니까.

더위에 잠시 숨고르기 하고 다시 열심히 뛰려고 한다.

2016년 7월 31일